Knowledge BASE 系列

一冊通曉 一本看懂成人時期的心理發展全貌

圖解 幸福大人的心理學

吳姵瑩 著 程小蘋 審訂

導言

成長歷程決定我們成為什麼樣的大人

文◎程小蘋　前國立彰化師範大學輔導與諮商學系副教授

心理學是一門了解人的學科，也是了解我們自己的學科。心理學很吸引人，因為我們都想弄清楚好像很具體但是卻又很抽象的人的內在。心理學有許多的理論，不過運用這些理論幫助我們理解我們自己，就屬應用的層面了，成人心理學就是這樣的情形。我們通常花比較多的精神在了解幼兒的心理和青少年的心理，因為他們是未來國家的主人翁，反而對最多數的成人疏於關注他們的心理狀態，成人是大人了，但是否就代表沒有問題呢？其實成人的人生責任最重，碰觸的問題最多，成年人如果心理有狀況，不僅自己會陷入困境，對下一代的影響更大，甚至問題可能代代相傳，影響下一代的健康成長。

內心說不出的痛會由行為表現出來

可是如何了解一個人的內在心靈呢？我們從一個案例來看：記得曾有一位個子高挑、身材勻稱、皮膚白皙的二十多歲的漂亮女孩，跟我說她沒有同年齡層的朋友，朋友大都跟她保持距離，不跟她往來，跟她互動的都是生活圈外的中年人士。這個女孩在家排行老二，上面僅有一位從小就功課優秀樣樣都行的哥哥，父親過世，母親要求至高，常教訓她不如哥哥。女孩拚命地讀書，但再怎樣的賣力，還是沒法像個哥哥一樣進到第一志願的學校，放榜後，母親說她不行就是不行。就讀的高中，重視學生成績排名，只要排名在後就要被叫上台面對全體同學聽訓，女孩處在競爭的環境裡面，再次自尊上受到重擊，不僅怕同學笑他，更進一步將自己孤立起來。而她與母親的互動更似刺蝟，考大學的當天早上，母親不幸車禍過世，她帶著再也沒有機會向母親證明自己的憤怒、痛苦而哀傷度日。進到學習壓力較輕的大學裡，她仍然把所有的同學當做競爭的對手。她文筆好，自認比同學優秀，但是老師沒有給她特別的讚許，她認為老師也是看不起她，她對周遭的人做了各種扭曲的批評。在大學裡的她出現暴食的問題，難以想像她常常一餐會連吃好幾個裝得滿滿的便當，然後跑去廁所催吐，或吞下數量愈來愈多的瀉劑，問她何以要這樣對自己，她的回應是我無法控制。

這樣一個女孩問題出在哪裡？她不斷追求被肯定，母親的肯定和周遭人的肯定。她先入為主認為他人看不起她的錯誤看法，影響她的人際，讓她沒有朋友。她來往的是大她二十多歲、對她狀況不清楚的中年人，從那裡她尋求類似父母的關愛，而大學畢業後，她選擇極具挑戰性、跌破大家眼鏡的職場，她還在不斷努力證明她自己。所以我們可以說，她的低自尊從家庭中形塑，影響所及，成年後，她的親密需求，人際互動，她的身體意象和後續的事業開展均受到牽連。我想她的母親如果現在還在世，一定不希望她的女兒是這樣的發展。

而面對這樣一位成年女性，你又會如何評論？你可能說她思想偏激，處處要贏，我躲開點，但是如果我們能從她成長的歷程，她的家庭背景，我們或許能理解她的心理狀態，也或許會讓我們願意多給她一點接納和關心，也或許能協助她走出自己的困境，甚至如果她能分析了解自己，我相信她也會調整自我，畢竟沒有一個人希望自己這樣痛苦。

傾聽自己的心，尋找生命的出口

今年我從職場上退休下來，總共三十六年的工作經驗，三十六年來與國中生、大學生、研究生、在職生、學生家長、學校同事、晤談之個案以及社區人士接觸的經驗，帶給我深刻的體會，絕大部分人生存的方式、生活的態度、產生的問題都與成長的經驗有關，而對應的做法卻又往往使人們身陷其中不斷地循環。

退休前我帶領的大多是大學部的學生和在職生，面對這群學生，我努力嘗試透過說明、舉例或體驗性的活動幫助他們了解人的（其實是自己的）想法信念、情緒特質和行為做法，即協助他們理解與他們心理有關的各種知識：了解對自我的看法，了解自己的人格特質，了解家庭如何塑造人，了解自己的溝通風格，了解在關係中、在人生中追尋什麼？為何有這樣的追尋？而他們現在用的是什麼方法去達成自己的目標？因為我想幫助這些已成年或即將成年的學生明瞭他們何以成為今日的他們，而今日的他們又是如何交錯地影響他們周遭的人，我想讓他們知道，不論他滿不滿意今日的自我狀態，他們絕非就那麼單純地成為現在的自己，或永遠是這樣，不可翻身。顯然，這樣的概念傳遞有了功效，我發現原本滿是防衛緊繃的臉龐柔和了許多；學生告訴我：老師！我比較能抓到我的孩子的問題了，我對我老公發脾氣的次數減少了，我現在與婆婆的互動好多了，我不再那麼強烈地憎恨對媽媽施暴的爸爸，我自己的心情也比以前平和多了，我的朋友有問題，我還會幫他分析……。是什麼造成這樣的改變？關鍵就在他們了解了在什麼脈絡下造就了他們的心理狀態，他們開始懂得反思，進而有了改變，生活變得幸福了許多。

我無法永遠站在講台上影響學生，可是我很高興看到本書《圖解幸福大人的心理學》的書稿，可以繼續代我發揮導引年輕學子健康成長健康生存的功能。書中半圖半文字的規劃可以看到這本書作者的企圖，希望符應當前年輕人的圖像式學習。這本書除了能提供年輕人對成年人的理解，也能幫助成年人了解自我的處境和心理狀態的初始和淵源。

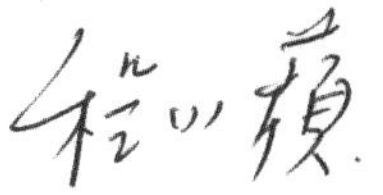

Chapter 3 兩性關係的分與合

Chapter 4 婚姻關係的幸福習題

Chapter 5

家庭是生命有機體

Chapter 6 為人父母的難題——親子關係

Chapter 7

生涯發展的波折起伏

Chapter 8
人生旅途的最後階段

Chapter 9
心理疾病的認識

Chapter 1

認識人生中的「成人時期」

脫離青少年的青澀，人在成年後，人格會逐漸成熟而穩定，並從學生時期過度到社會人士，隨即面臨工作發展、組成家庭與貢獻社會上的挑戰。

在幾年的歲月後，工作、家庭與社會的變動又將帶來另一番不同的壓力，引爆中年危機，迫使人必須積極定位自我，眺望自己的內心風景，並轉換慣用的生活模式或學習目標，來抵擋衝擊。可見大人生涯猶如翻山越嶺，若能跨過重重障礙，踏上頂峰便能看見屬於自己的人生與價值。

學·習·重·點

- ☑ 成熟為大人，我會有哪些轉變？
- ☑ 了解自己內心目前發展到哪一階段。
- ☑ 我認為「自己」是什麼樣子呢？
- ☑ 成年後的各時期，將會面臨哪些人生的考驗？以及內心的轉變？

成人的定義

我是「大人」嗎？

成人也和其他人生階段一樣，有相對應的心理發展與任務需達成，若無法達成，便容易走向迷惘、缺乏意義感，甚至讓人生終止於負向情緒中。

成人階段的特徵

成年期主要可分有兩階段，每個人在成年後，從初期的年輕活力至中期的自我檢視階段，都有必須面對的心理、生理及社會層面上的狀態與變化。

心理狀態

- 對自我的認同趨於穩定。
- 承擔多重社會角色。

生理狀態

- 身體成熟。
- 體力顛峰。

成就變化

學業完成，走入職場或開啟事業。

⇩

逐漸熟悉工作模式及環境，工作穩定成長。

情感互動變化

兩性交往，情感發展。

⇩

進入婚姻，經營家庭及為人父母。

成人階段變化多、挑戰大

成人階段是生命中歷時長、且重要的階段，同時也是與社會連繫最密切、角色變化最多樣的時期。在成人時期，不論身體、心理的發展都臻於成熟的狀態，一般大約是指二十一歲至六十五歲之間。

一個人在步入成人時期之後長達四、五十年之間，歷經了求學、就業、發展職涯、退休等階段，期間會穿插步入婚姻、組成家庭、養育子女等情感發展、和參與社會活動、定位自己的人生價值。過程中不僅會面臨外部社會變化的挑戰、還需面對心理、生理變化的諸多衝擊。

成人在一生中的特殊之處

心理學家赫威斯特（R.J. Havighurst）是最早提出成人發展的學者，對成人時期需扮演多重角色的發展任務，提出結構性的解析。在與社會關係最為密切的成人時期，許多人都擁有多重社會角色，以多數四十歲男性而言，是職場中的上司或部屬，也是家庭中的父親、丈夫、兒子、女婿。要同時扮演不同的角色，不論處於哪個社會文化裡，都會對個人形成負擔與壓力。

認識自己、接納自己，確立自己的價值觀，也是成人階段最為重要的發展任務。只有從各種角色與自我中找到平衡，才能透過創造與愛獲得生命意義。

②成年中期
約40歲～65歲。
①成年早期
約20歲～40歲。

生理狀態
- 身體感官敏銳度下降。
- 健康亮起紅燈。

心理狀態
- 產生中年危機，檢視自我。
- 尋找價值觀與生命意義。

情感互動變化
- 易與青少年子女產生衝突。
- 父母年邁或過世。
- 子女離家面臨空巢期。
- 家庭變化影響婚姻關係。

成就變化
- 晉升瓶頸。
- 發展第二專長。
- 退休。

重要的發展理論

我的內心發展到哪一階段了？

自我與人格，是一個人如何與外在世界互動的基礎。可透過佛洛伊德（Freud）、榮格（Jung）與艾瑞克森（Erikson）發展理論，來了解人生各階段的發展如何影響人格形成。

【人生發展時間軸】

三位心理學家強調的人生發展面向不盡相同，佛洛伊德認為幼年期就已經決定了日後的人格發展；艾瑞克森認為一生的各階段都有不同任務需達成；榮格則認為中年危機還會改變原本的生活型態和人格。

佛洛伊德：早期決定論

人的發展會受內在原始慾望的驅動，「性慾」是人類最重要的本能，許多心理問題都是源自於幼年時期性活動被壓抑，因此，人在往後的發展階段中會不斷追尋各種性的悅納感，如抽煙可能在滿足過去口腔期的不滿足或透過咬指甲、貪食或過度聒噪等方式呈現。

榮格：人格發展貫穿整個人生

榮格是第一個主張人格發展是貫穿整個人生歷程的學者，而非決定於人生早期，人格的形塑過程與表現方式會隨著個人的經歷和生活問題而改變。榮格自己就是一個

佛洛伊德
性心理的發展階段

此時期的發展決定日後人格。所以稱為「早期決定論」。	口腔期	0-1歲
	肛門期	1-3歲
	性蕾期	3-6歲
	潛伏期	6-12歲
	兩性期	12-20歲
	兩性期	20-40歲
	兩性期	40-65歲
	兩性期	65歲以上

典型的例子，榮格曾經與佛洛伊德有深厚的同事關係，但因彼此理念不同最後決裂。此時的榮格已屆中年，關係決裂的衝擊帶來了中年危機（參見P156），使他致力於了解中年期的發展任務。

艾瑞克森的心理社會發展理論

艾瑞克森贊同佛洛伊德主張的「早期經驗對發展會造成持續影響」的看法，但更強調社會心理因素對個人日後的影響，將發展階段拓展為一生的歷程，使佛洛伊德原本狹隘的理論觀點變得寬廣完整。艾瑞克森的心理社會發展理論中說明人生的每一個階段都有其危機與衝突，若衝突無法解決，除了損傷當下階段的自我發展之外，還會影響下一階段的發展。

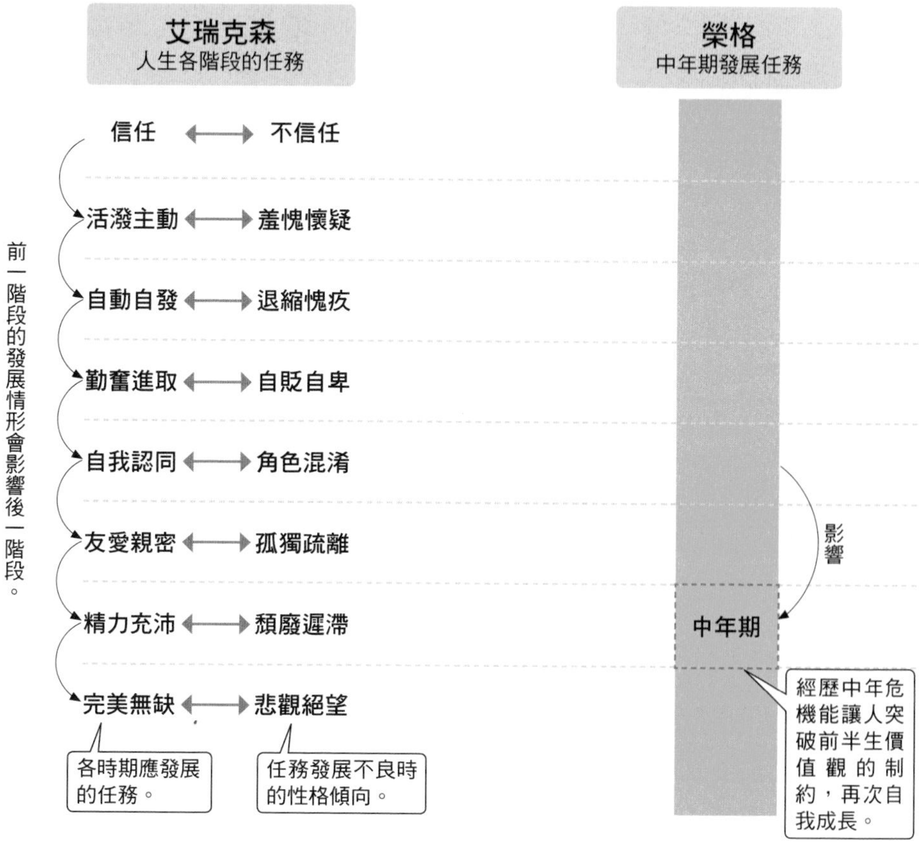
艾瑞克森
人生各階段的任務
信任 ⟷ 不信任
活潑主動 ⟷ 羞愧懷疑
自動自發 ⟷ 退縮愧疚
勤奮進取 ⟷ 自貶自卑
自我認同 ⟷ 角色混淆
友愛親密 ⟷ 孤獨疏離
精力充沛 ⟷ 頹廢遲滯
完美無缺 ⟷ 悲觀絕望
各時期應發展的任務。
任務發展不良時的性格傾向。
前一階段的發展情形會影響後一階段。
榮格
中年期發展任務
影響
中年期
經歷中年危機能讓人突破前半生價值觀的制約，再次自我成長。

自我認同

尋找自我是成為大人的重要里程碑

艾瑞克森心理社會發展理論中最重要的是第五階段——自我認同，若青少年時期不能完成「自我認同」的發展任務，將出現「角色混淆」的狀態，進而影響成年期的生涯、關係等發展。

什麼是自我認同？

成年前的青少年時期，是個人發展自我認同的主要階段。青少年在成長過程中，會開始意識到他人對自己的期望、以及外在環境對自己的要求提高，會試圖評價自己的能力，設立志向，並在嘗試↓挫敗↓修正↓肯定的過程中，建立自我認同。

人需要整合自己所認為的自己、以及他人期待的自己，形成自我認同，藉以釐清、定位自己的生活目標與生命意義。假若無法整合自我認同，便無法找到存在的意義與價值，而容易在人群中迷失，表現出蹺家、逃學等負向行為，來逃避個人責任。

青少年常見的四種自我認同狀態

青少年時期會開始整合「自己覺得自己是什麼」，和「他人對自己的期待」，從中釐清自己的定位、生活目標，這對成年期的生涯抉擇，以及價值觀等都具有深遠的影響。

定向型認同
（又稱認同達成）

經歷並解決認同危機後，對未來有了承諾並付諸實行，有較高的適應性。

→ 未來對人生目標的追求明確，符合現實標準，接納自我的能力與限制。

是否認同自我，對未來有何影響？

馬夏亞（Marcia）於一九八○年延續艾瑞克森的理論，從個人面對「危機」的選擇、和提出解決的「承諾」作為，列出一般人常見的四種自我認同狀態，包括：定向型認同、早閉型認同、未定型認同及迷失型認同。其中，認為能自己破除危機感、實現承諾的人，較能如實地自我評價、也較能接納自己，人生目標較明確，對外界的適應力也較高。例如面對即將畢業、擔心找不到工作的危機感，能先以兼差打工為將來找正職工作暖身。但若缺乏危機意識、未認真面對危機感，不去處理也沒有承諾的話，日後將容易感覺生活失去意義，而得過且過。

未定型認同
（又稱延期償付）

尚未確定未來方向，對現實不滿，有心改變，但方向難定。

做什麼比較好呢？
音樂家
醫生

→ 若有機會發現自我，仍可對未來付予承諾，未來發展指日可待。

迷失型認同

對人生發展缺乏危機感，未曾認真思考自己是誰，沒有抉擇也不願去體驗。

能混畢業就好了，管他這麼多。

→ 態度退縮，且不易與人建立關係。社會關係疏離，也難以接觸自己。

早閉型認同
（又稱喪失主動權）

缺乏自我決定權與對自我的認識，多半由長輩決定人生的選擇。

爸媽要我當醫生，我以後就當醫生。

→ 未來可能平時是快樂的，當有壓力時變得缺乏適應性，易有專斷與缺乏容忍度的特質。

艾瑞克森的成年期發展

和他人在一起，感覺親密還是疏離？

艾瑞克森的心理社會發展理論中，青少年期的自我認同階段與成年期的發展任務能否完成息息相關，若青少年沒有完成自我認同任務，也會影響到成年關係的發展。

〔成年期發展任務與心理危機〕

成年階段親密關係若發展成功，將有助於其他層面的社會關係；失敗的話則會促使人際關係疏離，不過，個人仍可回歸對自我的認識提高此階段任務的達成。

成年期的發展任務

「友愛親密」是成年期重要的發展任務。青少年期完成自我認同的發展任務後，隨著進入成年期就得進而學習與他人建立親密關係，既能開放自己與另一個人建立相互支持、關心的關係，同時也不擔心在過程中失去自我。親密關係的範圍包含愛情、婚姻、家庭、親子和友誼等情感，其中與「伴侶」互動和生活尤其重要。在兩性的親密關係中形成穩定的兩性互動、進入家庭生活、並生育下一世代，如此才能將家庭建立成適合孩子生活與人格發展的場所。

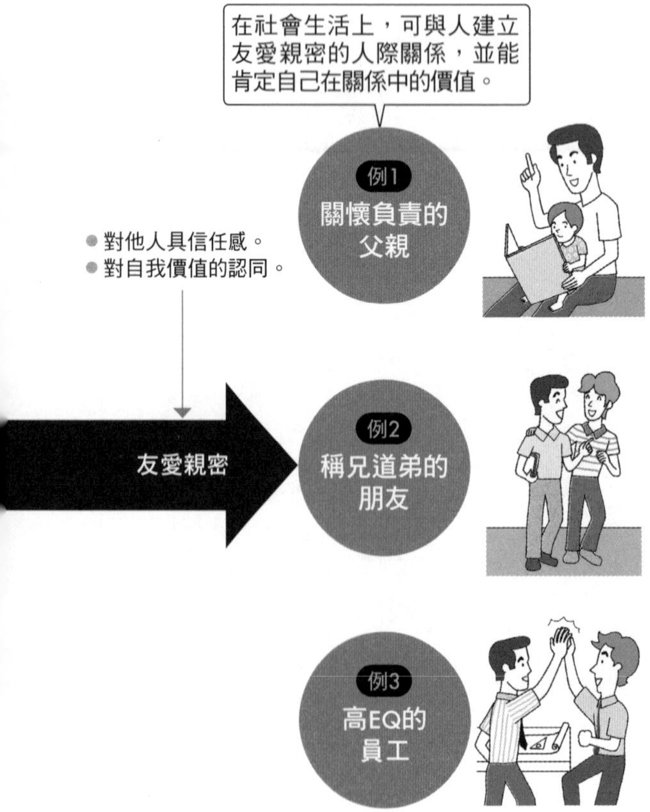
在社會生活上，可與人建立友愛親密的人際關係，並能肯定自己在關係中的價值。
● 對他人具信任感。
● 對自我價值的認同。
友愛親密
例1
關懷負責的父親
例2
稱兄道弟的朋友
例3
高EQ的員工

成人的心理危機

成年期以「友愛親密」為發展任務，若發展不好就可能出現「孤獨疏離」的危機。形成的原因可能是：①自我過度發展：為了鞏固自我價值，認為與他人的緊密互動會威脅自我意識，而難以建立親密關係。②自我發展不全：往往是因為童年、或是成長過程中，被重要的人拒絕、否定，造成自我評價低、缺乏自信，面對需大量自我調適的親密關係時，就會不知所措。

INFO 過於凸顯「自我」，關係易僵化

現代的大多數女性都有別於傳統女性的順從，然而女性的獨立自主卻成為現今親密關係的毒藥。因為女性為了鞏固自我價值，在關係中失去調整與適應的彈性，關係因此也變得僵化，難以與另一半達成彼此理想的關係模式。

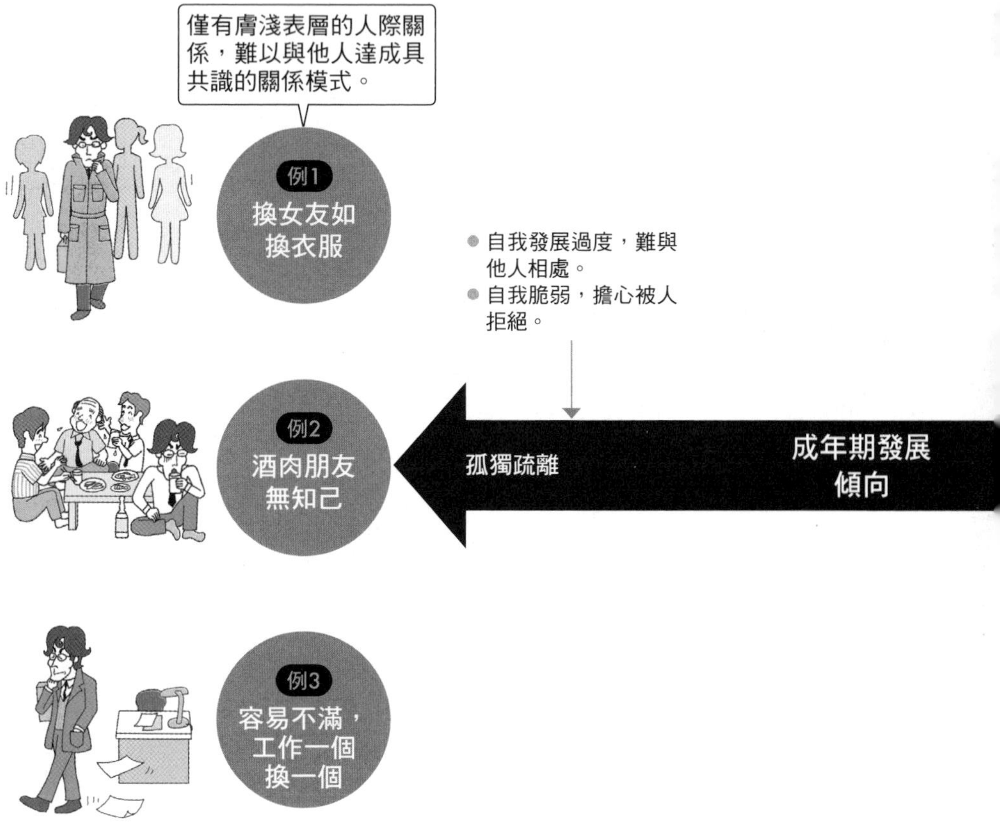
成年期發展傾向
孤獨疏離
自我發展過度，難與他人相處。
自我脆弱，擔心被人拒絕。
例1
換女友如換衣服
僅有膚淺表層的人際關係，難以與他人達成具共識的關係模式。
例2
酒肉朋友無知己
例3
容易不滿，工作一個換一個

艾瑞克森的中年期發展

我在社會上是精力充沛還是頹廢遲滯？

艾瑞克森認為到了中年期後，發展核心會逐漸從人與人之間的親密關係，擴及為與整個社會的連結，發展順利與否，關係著個人生命目的的實踐。

中年期的發展任務

中年階段的發展任務將由親密轉移到生產力，並會經歷生產與停滯的衝突。生產力即是積極、且有創造性地參與社會的作為，讓自己的生命得以隨社會繁衍而形成永續存在的價值感。例如投入工作、休閒，以及有意義的日常活動，感覺自己被社會需要、且能有所貢獻。

中年男性通常正處於事業的巔峰，享有權力與承擔責任；女性則因孩子漸漸長大離家，有更多的時間投入新事業與人際關係。艾瑞克森認為此階段發展順利的話，待人處世都會更加精力充沛，對人生感到滿足。

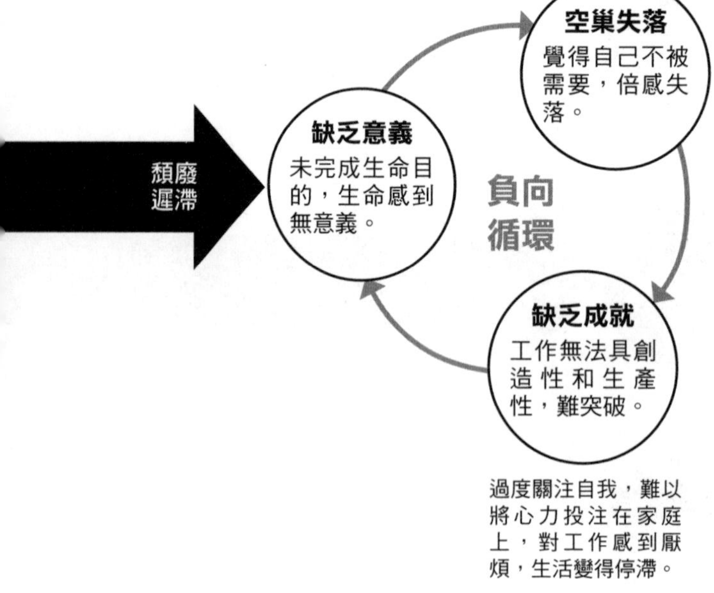
頹廢遲滯
空巢失落
覺得自己不被需要，倍感失落。
缺乏意義
未完成生命目的，生命感到無意義。
負向循環
缺乏成就
工作無法具創造性和生產性，難突破。
過度關注自我，難以將心力投注在家庭上，對工作感到厭煩，生活變得停滯。

中年的心理危機

中年常是一生中的最高峰，事業有所成、家庭關係穩定，但體力、活力大不如前，因此也隱含著人生即將走下坡。人常在這階段裡不斷回顧、評估到目前為止完成了什麼？婚姻、情感、事業、成就是否如自己所願？

此時的回顧經常是伴隨著生產力停滯而來，使人無法如以往專注於周遭人事物且竭力投入，而時常感到力不從心，自我價值感低、生命目標難以達成。這個現象就是一般所謂的「中年危機」。

化解頹廢遲滯的危機之感，是中年期的重要發展任務，重新省視人生歷程，調整目標、以及自己在社會上的定位，才可能實現沒有缺憾的人生，而不是以悲觀絕望終結。

中年期發展任務與心理危機

中年期發展任務成功，會產生正向循環，在家庭、社會與事業都容易有良好的回饋，失敗則引發負向循環，充滿失落與停滯感。

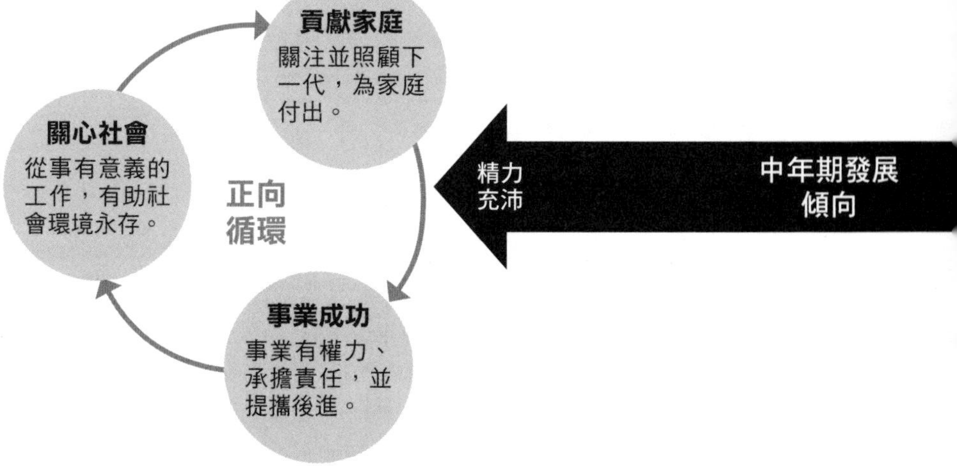
貢獻家庭
關注並照顧下一代，為家庭付出。
關心社會
從事有意義的工作，有助社會環境永存。
正向循環
事業成功
事業有權力、承擔責任，並提攜後進。
精力充沛
中年期發展傾向

培育下一代、在工作上提攜後進，或積極對社會及文化有所貢獻。

中年發展①
性格類型

中年後，性格會如何發展？

成年後的前半生會朝向自己習慣的性格發展，但隨著年紀漸增與環境改變，習以為常的因應方式開始失效，迫使人朝其他傾向發展。

不同性格造成人與人的差異

性格往往是成年後才明確成型。心理學家榮格認為人會以自己習慣的方式回應世界，並逐漸形成個人的行為模式，因此人與人之間容易因性格、習慣不同，產生相處上的種種困境與誤解等情形。

人的性格可分內向與外向兩種「態度」，以及理性與非理性兩種「功能」。理性傾向者還可分為思考型與感受型傾向的性格；非理性可再分為實感傾向與直覺傾向。

每個人都會發展出一種主要的性格態度和功能，並在一生裡持續地遵循此種性格，深化傾向的發展，維持此性格來回應外界。不過，到了中年時會逐漸發展另一軸向，與過去回應的方式也會略有不同，使性格發展得更為多元。

「內向」與「外向」的態度

在榮格的心理類型中，外向與內向被用來評斷一個人的「能量導向」以及「注意力集中處」。「內向」的人需要獨處的時刻來發展自我，以支持他們豐富的內在世界，並透過反思自己的思考、記憶與感受來取得動力。但內向的人並非就是害羞與退縮的。

「外向」的人往往透過和人的互動或從外在事件的行動中獲得動力，透過調整自己來適應外在環境或他人，也並非他們就是是愛說話或靜不下來。

成年人主要的性格傾向到中年後也可能發展成另一傾向。如早期外向者，到中年後開始有較多自我反思與內觀等。

「理性」與「非理性」的功能

榮格的心理類型中，理性傾向者可分為思考型與感受型二種。從一個人做決策的方式上，便可看出這兩種理性性格的差異。傾向思考的人，習慣根據分析和邏輯規律來組織和決定，追求客觀真理的標準與公平待遇，有時被認為是鐵石心腸的人。

傾向感受的人則是根據個人價值觀和他人感受來做決定，會考量

內、外向態度的平衡

無論是外向或內向，每個人都必須透過協調這兩種功能來獲得生命的能量。人往往在中年之後大量使用另一傾向，以因應中年的改變。

外向者

- 從與他人的互動中或外在經驗中獲得能量。
- 需要內向協助平衡，否則將不斷仰賴關係互動來保持活力。

內向者

- 從內在資源或內在經驗中獲得能量。
- 需要外向協助平衡，否則將在內在世界打轉，容易被他人低估。

進入中年（外向者）：

開始大量發展內向態度，因應中年危機。

例 學會獨處，減少因人去樓空而感到寂寞空虛。

進入中年（內向者）：

開始大量發展外向態度，因應中年危機。

例 多走出戶外，與人互動，讓無法改變的煩惱和憂愁得以抒解。

「人」的因素，能夠考慮和認同每個人的處境，從欣賞和支持他人的過程當中得到動力，渴望創造和諧的氛圍，視每個人為獨特的個體，有時會被認為心腸太軟。

非理性傾向者，榮格再將其分為實感傾向與直覺傾向二種。實感的人常透過五感來蒐集內在與外在感受到的現實，喜歡實務應用甚於理論。直覺的人透過預感、個人潛意識的經驗做結論，因此通常先有理論基礎才付諸實行。

了解性格，對我有什麼幫助呢？

榮格的心理類型被奉為近年來性格類型學的不朽之作，因為它不僅有效解釋更含括所有性格面向，也幫助人理解為何人會有衝突、親密或關係上的困境等現象。

有許多性格測評工具的理論依據來自榮格的性格類型，也更應驗榮格理論的實用性，例如：ＭＢＴＩ，

非理性功能傾向的特徵

成人在觀察事物時往往由不同的視角切入，並根據不同經驗處理事情，在實感及直覺兩種傾向的相互協調下，達成任務。

●實感型的人

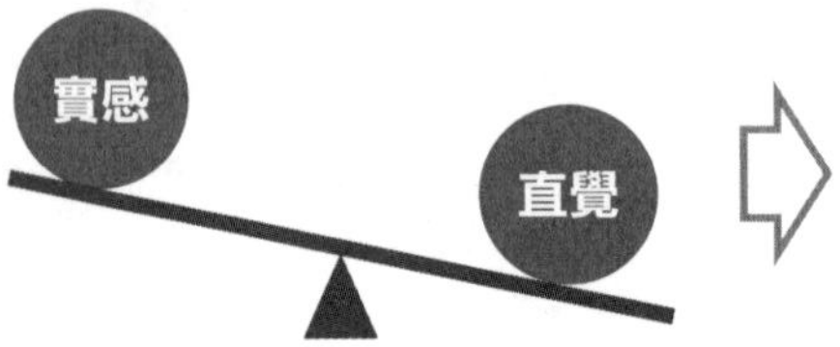

- 相信五感的實際感知，注重細節且按部就班。
- 需要用「直覺」協助平衡，否則將缺乏遠景，過度專注於細節。

●直覺型的人

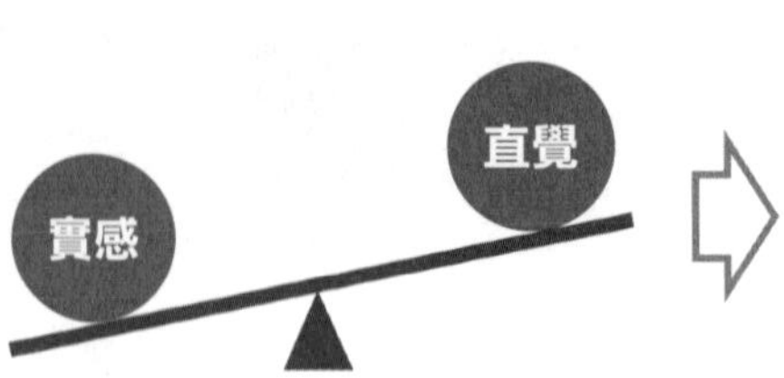

- 相信靈感，容易看見事情間的連結與背後意涵，具遠景。
- 需要用「實感」協助平衡，否則將缺乏執行等實作能力，更遑論達成目標。

是由邁爾斯（Isabel Myers）與女兒布里格斯（Katharine Briggs）於第二次世界大戰時研發的評測工具，能透過問卷幫助人找到自己的類型，非常實際地看到自己回應世界的態度，也看見自己溝通模式、生活方式等，進而在人際互動上擁有更好的相處品質。

INFO 傾向「感受」，並不是情緒化

感受有時會被誤認為情緒化，但榮格所定義的感受並非只是情緒，還包含了價值體系的意涵，接納與了解他人的價值觀，並且容易看到他人的貢獻。所以這裡所說的「感受」，也可說是以「人」為本的模式，凡是先考慮到人。

理性功能傾向的特徵

成人在做決策時必須透過思考及感受兩種傾向的相互協調，才能做出適當的抉擇，否則若傾向某一邊，皆易落入鐵血或心軟的評價。

●思考型的人

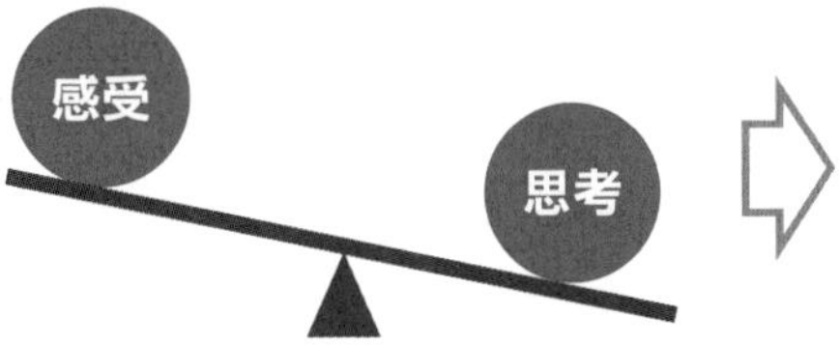
感受
思考

- 需要用「感受」協助自己達到理性的平衡，否則將缺乏對人的考量，落入鐵石心腸的評價。
- 主要以客觀邏輯來分析事情。

Party就準備buffet吧！大家都有東西可吃。

●感受型的人

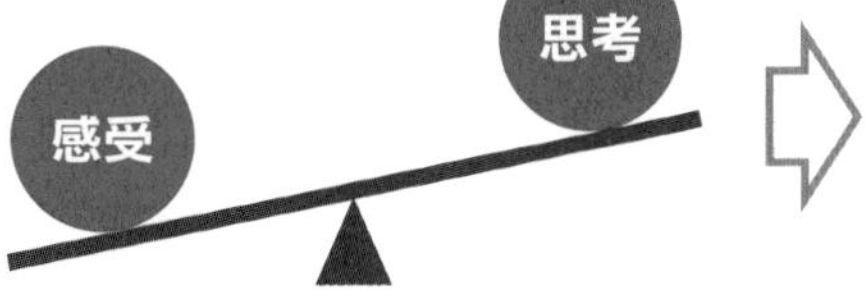
思考
感受

- 需要用「思考」協助自己達到理性的平衡，否則將因過度涉及人的情感而難以抉擇，落入心軟的評價。
- 主要考量價值觀與人的因素。

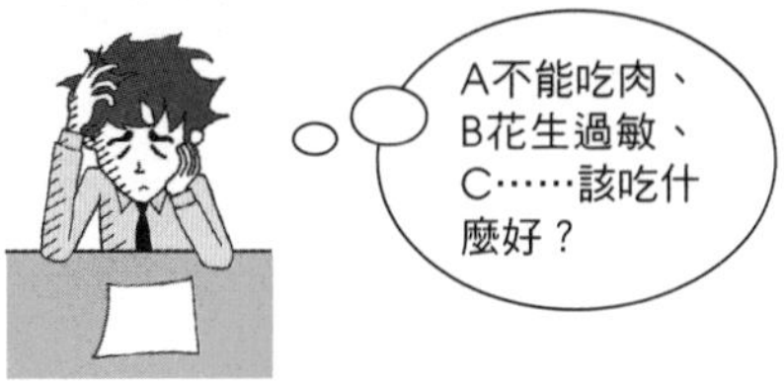
A不能吃肉、B花生過敏、C……該吃什麼好？

中年發展②
終生發展模型

調整性格才能應付中年的變化

大約在四十歲時，人的心智會經歷一次大轉變。隨著處境的改變，時常會感到沮喪、停滯和不完整，需要重新思考再整合，才能適應往後的生活。

「榮格的終生發展模型」

人會先以天生主導功能來面對世界，第二功能逐漸發展出來協助主導功能，直到面臨中年危機，過去習以為常的因應模式可能不再適用，因此第三功能和劣勢功能才逐漸發展來加以因應。

前半生的努力

在生命階段早期，人們傾向於發展主要的態度和功能，稱為「主導功能」，例如若是思考能力比其他功能凸顯，人就會大量發展這項功能。之後也會再發展其他功能，第二功能通常在個體成熟後會慢慢發展，對主導功能有輔助的功用，例如直覺型的人，會透過更宏觀的方式蒐集訊息，以幫助思考的主導功能進行決策；接著通常在進入中年後，會明顯發展出第三功能，因為到了生命中期，當人經歷重要的轉變，如子女離家、父母去世、職涯瓶頸等，會促使人了解到自身的侷限，對自己重新評估。而中年時期內在心理變化對人生的影響是至

生命第二階段

發展任務

- 個體化歷程的開啟。
- 驅除社會價值的束縛。
- 回歸真我，與內在自我接觸。

→ **第三功能逐漸發展**
例 第三功能為理性—「感受」功能。

→ **發展劣勢功能**
例 劣勢功能為內向非理性—「實感」功能。

為重要的，榮格如此認為。

最後才發展「劣勢功能」，是主導功能軸向的另一端。若主導功能為「思考」，劣勢功能必為另一互補端——「感受」。（參見P26、P29）

後半生的重生

在前半生沒有被加以發展的態度和功能，榮格認為它們會被深藏在潛意識底下，平常時候並不被大腦意識到，成為人格中被壓抑的部分。但成年之後，人需要透過「個體化」的過程目的達到心靈的平衡，以應付成年後的種種變化。隨著年紀漸增，人會從重視外在社會環境的價值，轉向重視內在真實的自己，傾聽潛意識，以接觸更真實的自我。許多人會在此時凸顯自己的劣勢功能，幫助自己更臻於平衡。劣勢功能雖然是最後出現，但卻是生命後半部極大創造力的來源。

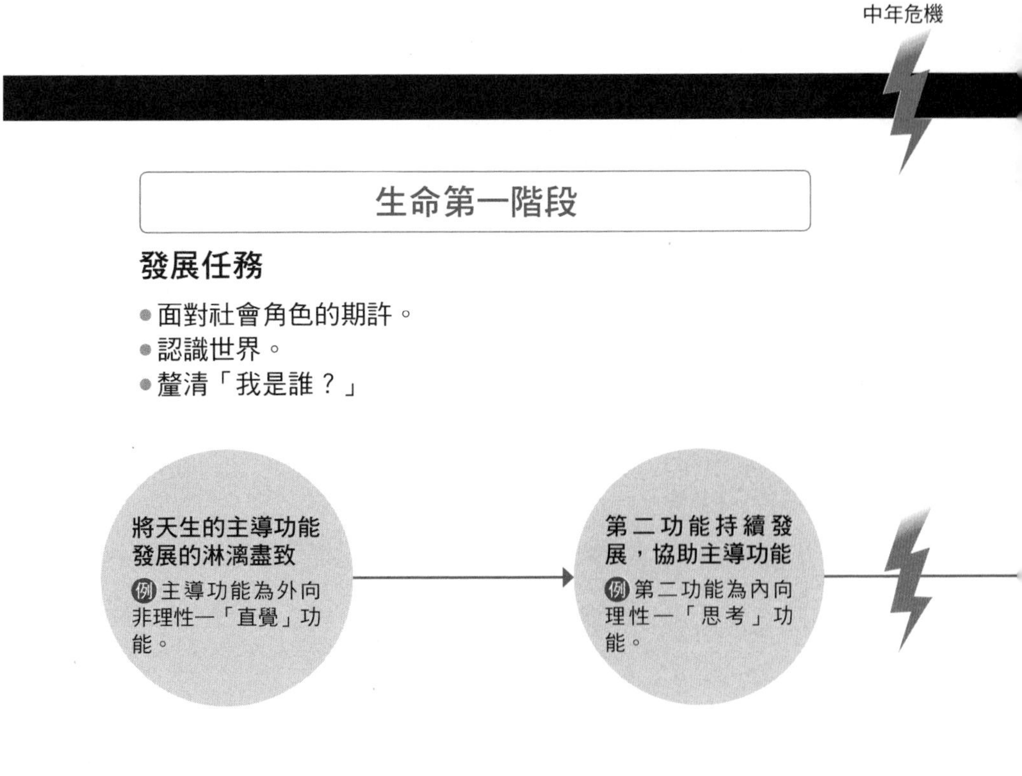
中年危機
生命第一階段
發展任務
面對社會角色的期許。
認識世界。
釐清「我是誰？」
將天生的主導功能發展的淋漓盡致
例 主導功能為外向非理性—「直覺」功能。
第二功能持續發展，協助主導功能
例 第二功能為內向理性—「思考」功能。

Column

真正的自我可在夢裡找到嗎？

「夢境」是通往潛意識的康莊大道，榮格相信夢非常直接地傳達了潛意識。潛意識之所以重要，在於它潛藏了龐大又豐富的資訊，左右著人的行為，卻不易被覺察，與人格的整合息息相關，卻又難以利用夢境來達成。

榮格和佛洛伊德都致力於夢境的解析。解夢的過程是將意識的注意力導向個體化歷程的方向（參見P31），讓偏離個體化方向的人能在了解夢境的意涵後，修正方向，整合意識與潛意識，加速個體化歷程，達到心靈的平衡、人格上的統整。

意識與潛意識究竟是如何結合的呢？

案・例・故・事

有一個逃家的貴族小孩（他以前是個孤兒，後來被將軍收養，因而成為貴族後裔），在逃家的路上跟一個印地安小朋友成了好朋友，當時社會上有怪病，人們會全身潰爛而死，他們不想看到屍體暴露在街上，於是倆人一起把人埋起來。後來貴族小孩的乾爹（將軍）來找他，還帶著一些他的部下，一起追查怪病的根源，找到小孩子後，部下們不知道為什麼決定要把剛剛埋下的屍體挖起來。

當時，貴族小孩有異能，不擔心被怪病傳染，但因為怕印地安人被傳染，原本不要那個印地安小孩挖屍體的，卻發現他身上穿的衣服也有異能，不怕被傳染。屍體挖起來後，下面有塊石板，將軍看了一下，莫名地大笑，然後說，那個屍體是過去，印地安小孩是現在，而貴族小孩是未來。

從上述夢境可看到夢者（孤兒）與父親（將軍）的關係，既親密卻緊張，還有身分認同的問題，藉著逃離、流浪來找尋真我。怪病就像是社會價值一般，綑綁著許多人的想法，最終帶來死亡和毀滅，有著異能的小孩，彷彿是在灰暗的時代，毀滅後有著重生希望的象徵。

在解析夢境時，夢者看到家庭情境就如同在夢裡見到的社會情境一樣令人失望，但夢境裡的小孩卻擁有改變社會的能力，象徵也提醒夢者自己擁有改變家庭關係的能力，但這能力的運用記載在石板上，等待夢者發現石板的存在，並且能靈活運用自己的能力。

夢往往用象徵性語言出現，透過能形塑潛意識的情境與夢者不斷對話、聯想，那些潛藏於潛意識、被壓抑的部分、最不願面對與接納的部分，在不斷地探索與解析中，逐漸被意識所接受並承認，而能幫助個人了解夢所傳達的訊息，慢慢幫助個體調整，加速自我邁向個體化的歷程。

人在中年之後的生命任務，需將潛意識中的潛能整合進入意識當中，以成為一個獨特、不過度受集體規範所限制的人，當面對生活或工作上的種種變化時，仍能找到心靈的平衡點。所以即使此時生理狀況開始走下坡，但心理學家榮格認為，往後仍還有很大的心靈發展空間。

夢如何幫助我們個體化

從夢的潛意識到意識的解析過程，就像解碼一樣，從象徵的語言到邏輯清晰的語言，讓個體了解夢中隱含的訊息，幫助個人整合人格，邁向真我。

Step1 取得夢境內容

呈現亂碼狀態，只是一堆反應潛意識，卻不合邏輯的象徵性語言。

例 我們一起把得怪病的屍體埋起來吧！

Step2 進行聯想與探索

開始編碼，整合夢的元素，進行自由聯想與探索，成為「前意識」。

例 從怪病聯想到人會死亡，讓人感到害怕，再聯想到這樣的害怕感覺是種綑綁。

Step3 解析夢境

為釐清夢境意涵進行解碼，了解夢中所傳達的訊息，並讓訊息進到意識中被大腦所覺察，藉此了解自己的心靈地圖。

例 那些綑綁的感受，原來是社會價值觀所帶來的束縛，讓我得重新思考、重整自我。

Step4 重新整合自我

透過個體化歷程，統整自我人格，修正方向。

例 接納孤兒的感受，協調社會與自我價值的衝突，而了解到自己是有能力改變現況的。

Chapter 2

認識全方位的自我

一個人可以從矇懂無知、發展為成熟智慧。過程中，對自己的認知、與他人的互動既存在著許多盲點使人困惑，卻也存在著許多潛能、和美好的經驗，等待被挖掘、與追尋。「認識你自己」，是古希臘哲學家蘇格拉底的名言，這句話之所以如此重要，正因為對自我的探索是讓生命更美好的任務，也是一生都無止境的課題。

學·習·重·點

- ☑ 認識自己是怎麼樣的人。
- ☑ 了解自己能否對自己的行為有所覺察。
- ☑ 「人格」是怎麼形成的？
- ☑ 我的存在和他人有關嗎？
- ☑ 我為何會對過去「念念不忘」？怎麼學會放下？
- ☑ 我的一生都在追求什麼呢？

自我概念

我是怎麼樣的人呢？

人從出生到兩歲左右，就會開始好奇「我」是什麼，隨著成長以及於環境中與人的互動，開始生成愈來愈多的自我概念。

什麼是自我概念？

自我概念就是人對自己的看法。心理學家庫利（Charles Horton Cooley）以「鏡中自我」說明，人會透過與外界的互動、對照，如同透過鏡子呈現出自己的影像一樣，想像自己在他人心中的形象，想像他人會如何看待此形象，而形成各種對自己的看法。這些自我概念會影響人如何在群體中自我定位、人際互動，乃至於生涯走向等。

自我概念的五個面向

一個人可能在家庭中依賴任性，在工作上卻是獨立堅強，同時具有不同的特質。因此菲次（W.H. Fitts）認為一個人的自我概念得從

自我概念如何形成　自我概念會有自行增強或減弱的情形，當受到鼓勵時，會正向增強自我的肯定；但若受到批評或指責，便會負向減弱自我肯定。

男友說我貼心……
我應該是很不錯的好女友吧！
增強
自我肯定
上次老闆說我細心……
我應該還算謹慎、穩重的吧！
增強
自我肯定
同事都把事情丟給我做……
我好像是個沒原則的人。
減低
自我肯定
媽媽總是對我嫌東嫌西……
我好像老是搞砸事情。
減低
自我肯定

從五個面向了解自我概念

同時認識各面向的自己，才能全面了解自己，進而追求各面向的平衡不衝突，甚而相輔相成。

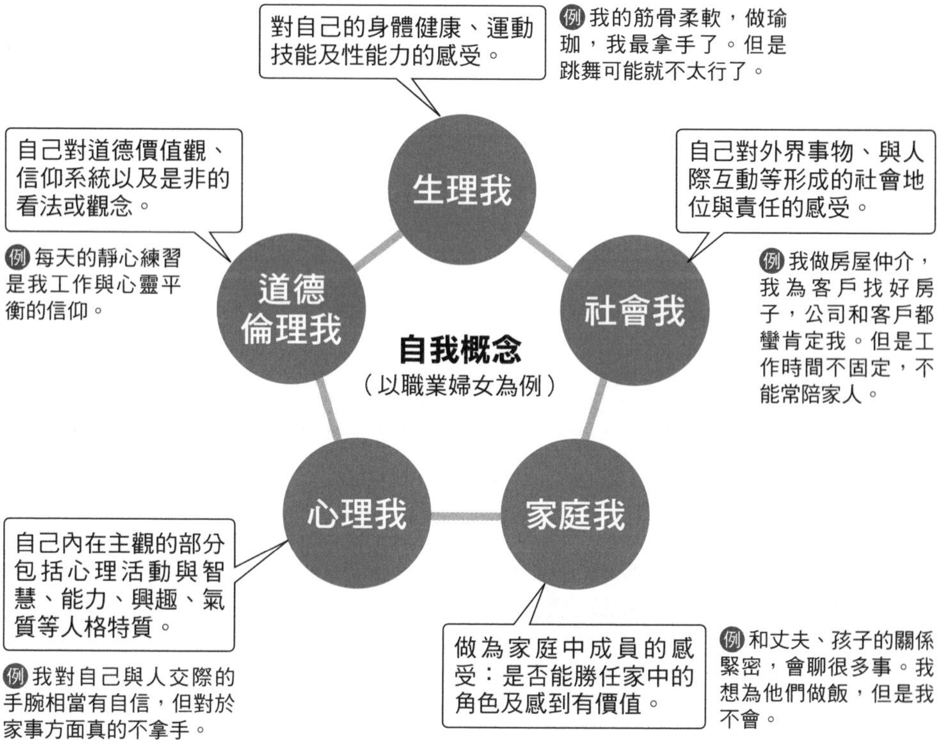

自我概念
（以職業婦女為例）
生理我
對自己的身體健康、運動技能及性能力的感受。
例 我的筋骨柔軟，做瑜珈，我最拿手了。但是跳舞可能就不太行了。
社會我
自己對外界事物、與人際互動等形成的社會地位與責任的感受。
例 我做房屋仲介，我為客戶找好房子，公司和客戶都蠻肯定我。但是工作時間不固定，不能常陪家人。
家庭我
做為家庭中成員的感受：是否能勝任家中的角色及感到有價值。
例 和丈夫、孩子的關係緊密，會聊很多事。我想為他們做飯，但是我不會。
心理我
自己內在主觀的部分包括心理活動與智慧、能力、興趣、氣質等人格特質。
例 我對自己與人交際的手腕相當有自信，但對於家事方面真的不拿手。
道德倫理我
自己對道德價值觀、信仰系統以及是非的看法或觀念。
例 每天的靜心練習是我工作與心靈平衡的信仰。

生理、心理、道德倫理、家庭及社會等五個面向來觀察，才能全面性地認識。這些面向有時會兩兩相輔相成，也可能相互牴觸，只有認識各面向自己具備的優劣長短，才能找到自我發展的優勢，如實接受缺點、看見衝突，並進而調適。

我為什麼會討厭自己？

沒有人是完美的，但有許多人無法容忍自己有缺點，也常因為自己的缺點而自卑，用各種方法掩蓋或彌補不足。因此自卑會帶來超越的力量，讓人滿意自己，如：我不高，但我開超跑。但自卑也具備摧毀的力量，讓一個人努力建立的價值，可能因為外界的評價瞬間崩塌，如：他也只能靠超跑來找老婆。可見超越自卑真正重要的，並非多努力彌補，而是多了解與接納自己。如：身高不是距離，個性才是問題！身高無法改變，但我善良又幽默，我喜歡帶給他人歡笑的我。

自我覺察

我能反省自己的行為嗎？

德國思想家尼采說：「知道自己為何而活，才能承受生命的任何問題」。對自己有足夠的覺察，認識自己的優缺點，才能因應生活的種種挑戰。

自我覺察的重要性

弗蘭克（Victor Frankl）是存在主義心理治療的代表人物，他的理論說明了「自我覺察」的重要性。「自我覺察」讓人在與他人、或環境互動後能夠沈澱當下的思緒，再次檢視、確認自己的感覺、信念、態度、價值觀、目標和行為等，在統觀整體的情勢狀態、與自己真正的想法、需求之下，從可行的選擇中，做出合適的決定。

我對自己了解多少？

英國心理學家魯夫特（Joseph Luft）與英格漢（Harry Ingham）提出了有名的「周哈里窗（Johari Window）」理論，把人的內心比

自我覺察的影響

透過自我覺察，人能省思自己的行為、態度及價值觀等，調整自己，做出合適的決定。

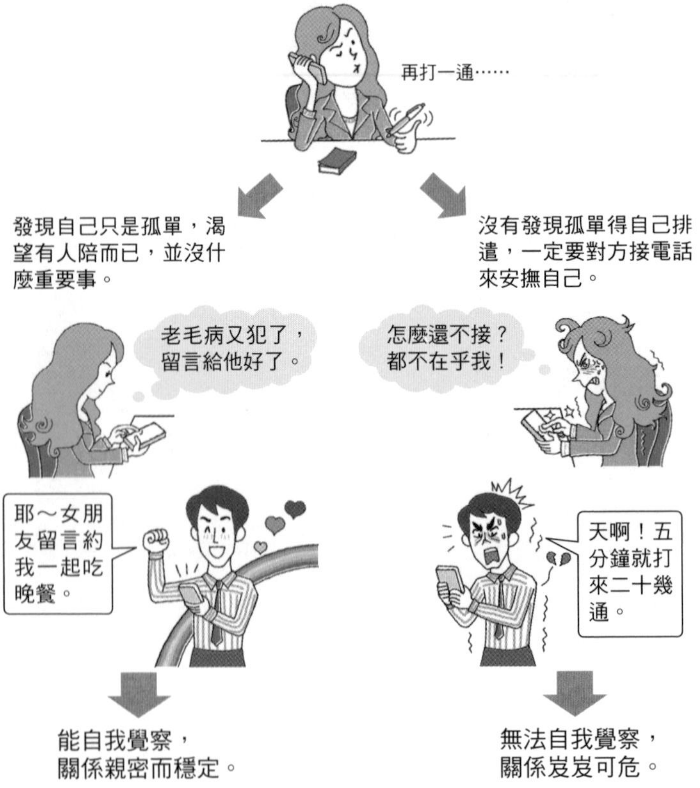

再打一通……
發現自己只是孤單，渴望有人陪而已，並沒什麼重要事。
沒有發現孤單得自己排遣，一定要對方接電話來安撫自己。
老毛病又犯了，留言給他好了。
怎麼還不接？都不在乎我！
耶～女朋友留言約我一起吃晚餐。
天啊！五分鐘就打來二十幾通。
能自我覺察，關係親密而穩定。
無法自我覺察，關係岌岌可危。

如何調整我的周哈里窗？

每一個區塊有的擴大比較好、有的縮小比較好，在與他人交流調整時，坦承自我、也要留意適度保留隱私，才能自然又自在。

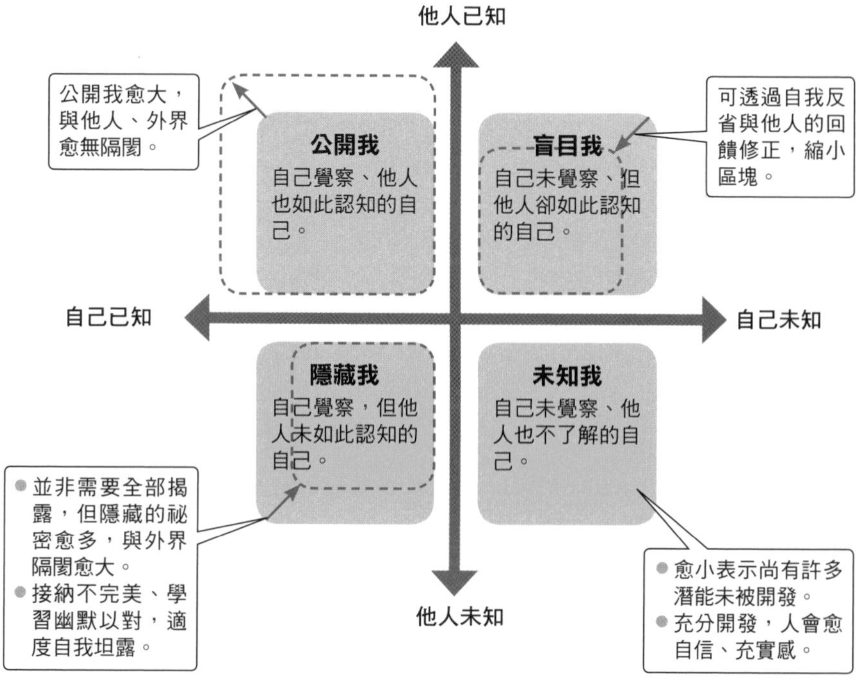
他人已知
公開我愈大，與他人、外界愈無隔閡。
公開我
自己覺察、他人也如此認知的自己。
盲目我
自己未覺察、但他人卻如此認知的自己。
可透過自我反省與他人的回饋修正，縮小區塊。
自己已知
自己未知
隱藏我
自己覺察，但他人未如此認知的自己。
未知我
自己未覺察、他人也不了解的自己。
並非需要全部揭露，但隱藏的祕密愈多，與外界隔閡愈大。
接納不完美、學習幽默以對，適度自我坦露。
愈小表示尚有許多潛能未被開發。
充分開發，人會愈自信、充實感。
他人未知

喻成一扇窗，以自己的自我覺察、和他人對自己的認知來劃分，形成了開放我、盲目我、隱藏我及未知我四個區塊。

比較理想的人格型態是盡量縮減對自己的覺察、與他人對自己認知之間的差距，以及擴大自己如此覺察、他人也如此認知自己的「開放我」。因為，自己如此覺察、但他人不了解的「隱藏我」，以及自己未能覺察、但他人卻認為如此的「盲目我」，都會容易讓自己和外界產生隔閡和誤解，所以在認知差距上盡可能縮減改善比較好。例如：A小時候家裡被倒債上千萬，讓A對朋友很不信任（隱藏我）。因為A總是不自覺地問「你說的是真的嗎？」（盲目我），使得朋友們總是受到A的質疑而感到不被尊重。

自我理論①

人格是如何形成的？

美國心理學家羅傑斯從人本思想出發，相信人本來就具有積極的態度來發展自我，也融合了存在主義，尊重人的主觀經驗等獨特的人格觀點。

有機體與現象場

羅傑斯（Carl R. Rogers）是心理治療學派中「個人中心治療」的創始人，在他的自我理論中，「有機體」與「現象場」是說明人格結構時兩個不可或缺的觀念。人是有機體，不只是軀體而已，還包含了認知、感受、行為與身體狀況等生理與心理的功能，而且天生傾向於自我統整、自我發展、自我成熟與自我實現。現象場則是泛指人與外界經驗的全部，包含個人對世界的知覺、體悟等。每個人都是以自己的觀點來看待事物，透過與外界不停的互動，形塑個人的人格結構。人是透過具有生、心理功能的有機體，經歷各種現象場，而形塑出自

羅傑斯的人格結構

人是透過具有生、心理功能的有機體，經歷各種現象場，而形塑出自己的人格結構。

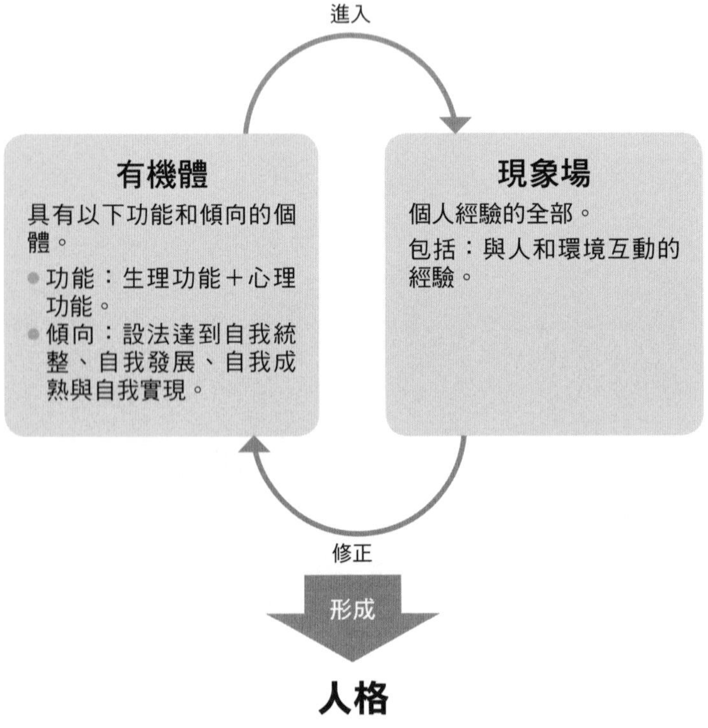

進入
有機體
具有以下功能和傾向的個體。
功能：生理功能＋心理功能。
傾向：設法達到自我統整、自我發展、自我成熟與自我實現。
現象場
個人經驗的全部。
包括：與人和環境互動的經驗。
修正
形成
人格

如何形塑出自我

現實與理想中的自己會受到生活經驗影響而有所變動，但兩者必須維持平衡，讓理想能在現實考量下，成為得以實現的目標，才能認同自我價值，喜歡自己。

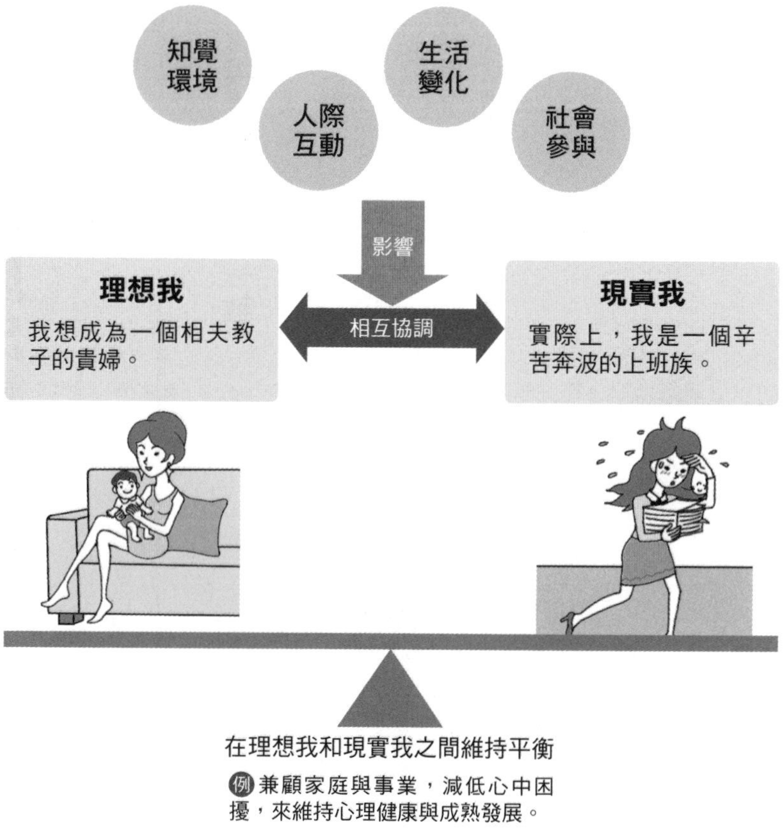
知覺環境
人際互動
生活變化
社會參與
影響
相互協調
理想我
我想成為一個相夫教子的貴婦。
現實我
實際上，我是一個辛苦奔波的上班族。
在理想我和現實我之間維持平衡
例 兼顧家庭與事業，減低心中困擾，來維持心理健康與成熟發展。

己的人格結構。例如一個孩子覺得外界是友善的（他這樣的認知：有機體），周遭的人都愛護他喜歡他（他與外界的經驗：現象場），他自然會發展出容易親近的性格；相反地，若這孩子覺得外界危險充滿敵意（有機體），父母都這樣警惕他，不准他做某些事情（現象場），自然發展出謹慎與不易親近的個性。

自我中的理想我與現實我

自我是從現象場分化出來的。也就是說，人在與環境、特別是與他人互動後，會為了與他人做區別，而對自己的獨特性下定義，並將此視為存在的價值。自我通常包含了兩部分：一是想要成為的「我」，也稱為「理想我」，是自己想要發展與奮鬥的目標；另一是實際的「我」，稱為「現實我」。這兩個「我」愈一致、接近，愈能保有對環境的適應力、行動方式和心理健康。

自我理論②

怎麼形成成熟的自我？

每個人都會在現實生活中出現理想我與現實我不一致的時候，這是人格形成的必經過程。不一致時若能自我覺察出，再透過修正，便能幫助自我在理想與現實間達到平衡。

理想與現實常會不一致

即使人透過知覺環境、歷經生活情境形塑出看似穩固的自我結構，之後仍會不斷因生活轉變、人際互動等，造成一次又一次理想我與現實我不一致的情形。例如：因為組織結構改變而被迫裁員，原本事業穩定發展的理想我，瞬間被「失業者」取代。失衡時，會引起人內心的焦慮，而採取防衛動作，例如否認事實，以試圖維持理想中的自己。另外，失衡也可能使人調適不過來，無法排解困惑與壓力。此時若未能重新定位自我，認清現實我，調解與理想我之間的差距，往往就會成為心理疾病的根源。

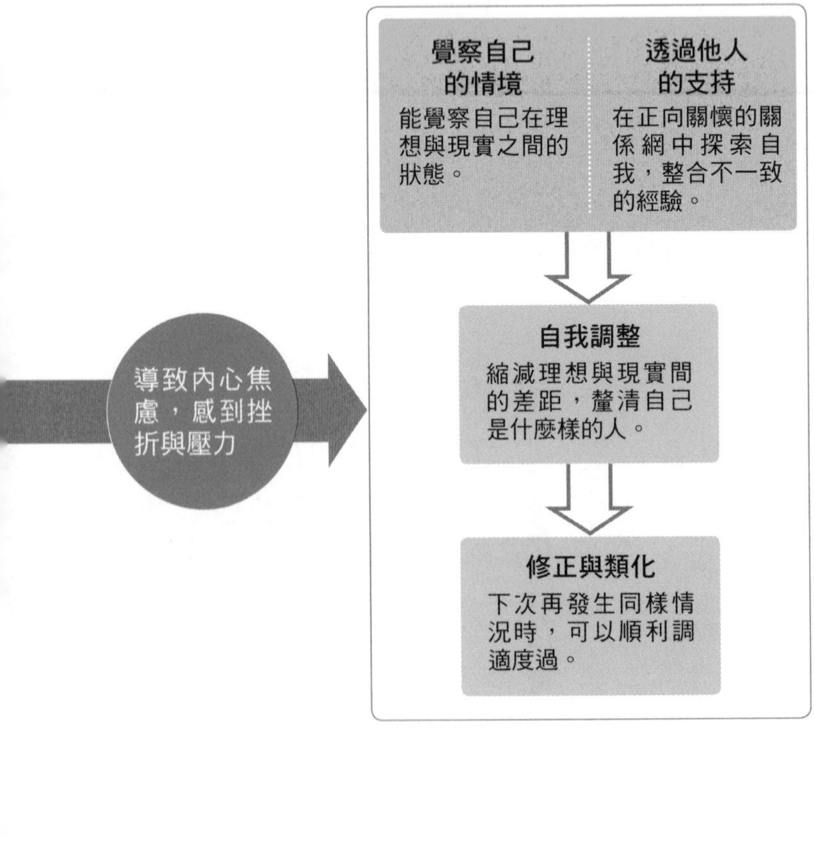
導致內心焦慮，感到挫折與壓力
覺察自己的情境
能覺察自己在理想與現實之間的狀態。
透過他人的支持
在正向關懷的關係網中探索自我，整合不一致的經驗。
自我調整
縮減理想與現實間的差距，釐清自己是什麼樣的人。
修正與類化
下次再發生同樣情況時，可以順利調適度過。

如何縮小理想我與現實我的差距

健康的人格，其自我結構和生活經驗也會是相符、或是接近的。例如認為自己脾氣好，實際上絕大部分時間與人相處都是溫和的。通常他們會有良好的適應力，能在理想我與現實我不一致時，盡早覺察到自己的焦慮、情緒失控的原因，找出癥結點，然後重新取得平衡，並提醒自己在下一次同樣情形出現時，調整自己的態度。

但若無法做到自我調整的人，則需要透過他人的正向關懷、與支持。然而一般生活情境難以具備這樣的環境，畢竟多數情況可給予的都是有條件的支持，例如：你必須考滿分才是乖孩子。此時，便可透過參與成長團體，或者心理諮商的協助，使其能在安全的感受下，放心地探索自己、外在世界、以及發生在自己身上的經驗，進而縮減理想我及現實我間的差距。

理想我與現實我的失衡　當理想我與現實我失衡了，會讓人挫折與焦慮，若未能解決、排除壓力，易衍生心理問題。所幸人能透過自我覺察，自我調整，形成健康的人格。

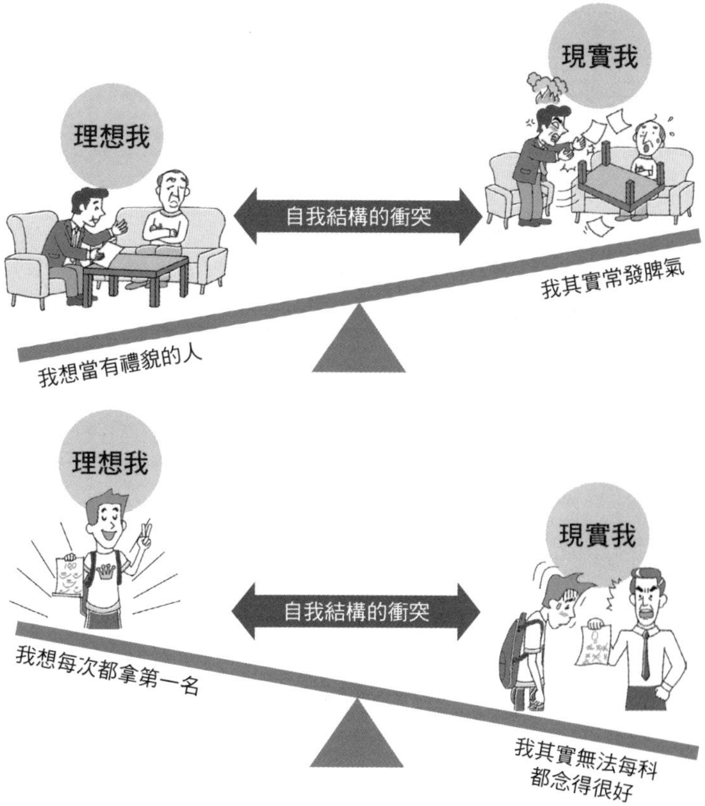
現實我
理想我
自我結構的衝突
我其實常發脾氣
我想當有禮貌的人
理想我
現實我
自我結構的衝突
我想每次都拿第一名
我其實無法每科
都念得很好

自我理論③

人要如何「做自己」？

佛洛伊德將人格分成本我、自我、超我三部分，三我有各自管轄地帶，形成與運作方式亦截然不同，會驅動人做出不一樣的反應。

佛洛伊德的三我說

佛洛伊德認為每個人的人格中都有三個「我」，各自扮演不同角色，具有不同的功能。嬰兒時期是「本我」運作最旺盛的階段，透過哭泣來滿足生理需求、個體原始的慾望，是沒有邏輯性的、也沒有道德觀。當孩童逐漸長大，在運用本我向大人索取情感或物質、卻遭到拒絕而感覺痛苦時，會逐漸發展出具備邏輯性、並會制訂規劃的「自我」。「超我」則是源自良心、仿效理想人物、道德標準或父母教條等，它會抑制本我衝動，避免受到處罰。自我往往在本我和超我中拉扯，努力地滿足本我的需求，又必須達到超我的社會期許。

人的內在裡住著三個我

人的內在裡同時存在著本我、自我及超我，三我會相互衝突拉扯，人即是在這些折衝過程中型塑個人的人格。

本我

以享樂原則為導向，不受道德約束，只為滿足個人需求。

管你的，
我要吃！

超我

以道德標準為導向，會內化父母教條與社會價值觀。

糖果是弟弟的，
我不能搶！

自我

以現實原則為導向，以邏輯理性方式達到個人所求。

叫弟弟分我一半，不然跟媽媽要一支。

三我的緊張衝突如何化解？

人在因應外在世界時的總能量是固定的，但能量會被三個我瓜分，如果三我僵持不下，內在衝突的警訊就會提高，產生焦慮感。因此，人必須透過自我覺察，正視來自於本我和超我的驅使，了解其動機為何、並與現實結合起來思考，以整合後所形成的自我，協調三我的運作，減少彼此的衝突。

「自我」能防衛、保護自己

自我能保護心靈免受內在的威脅，避免內在衝突進入意識，而使個體感到痛苦。例如男孩因弟弟出生，本我因無法再獨享父母的寵愛而產生攻擊弟弟的慾望，但若真的揍弟弟的話會被處罰。為避免受懲罰，又害怕本我的攻擊出現，自我則會透過壓抑、反向等防衛機轉，幫助自己將此威脅感排除，做出相反行徑，如更照顧弟弟，使自己不必再擔憂攻擊慾念所帶來的焦慮。

讓隱藏的冰山也能浮出水面

整合三我最重要的是讓隱藏於冰山底下的本我、和絕大部分的超我能夠浮出水面更多，如此一來才能被意識覺察和整合。

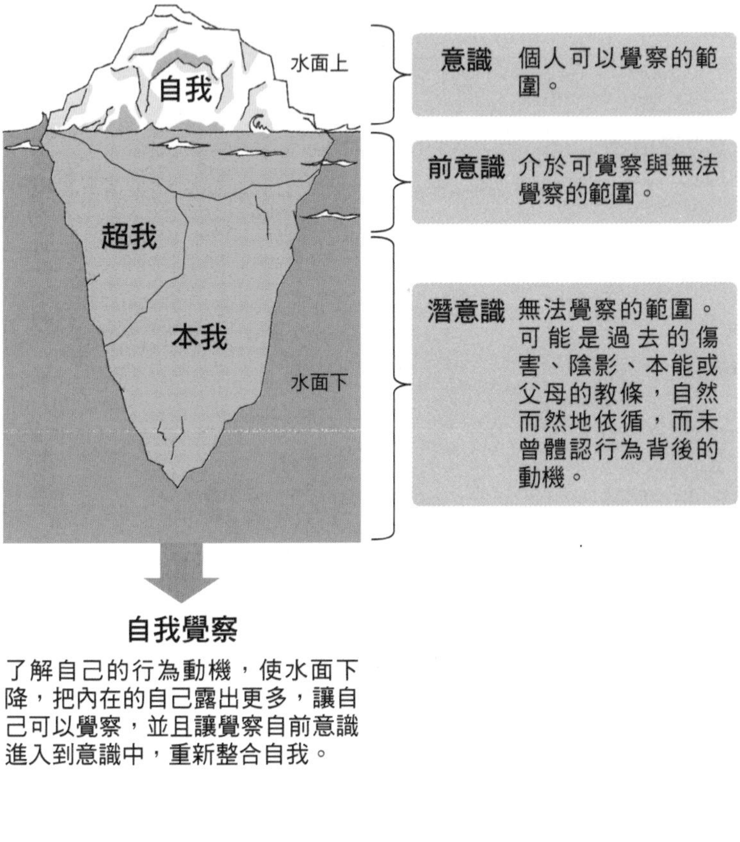
水面上
自我
超我
本我
水面下
意識 個人可以覺察的範圍。
前意識 介於可覺察與無法覺察的範圍。
潛意識 無法覺察的範圍。可能是過去的傷害、陰影、本能或父母的教條，自然而然地依循，而未曾體認行為背後的動機。
自我覺察
了解自己的行為動機，使水面下降，把內在的自己露出更多，讓自己可以覺察，並且讓覺察自前意識進入到意識中，重新整合自我。

華人社會裡的自我

我的存在和他人有關嗎？

在東、西方不同的社會文化中，形塑出的自我概念也有些不同。華人社會裡，會傾向建立與他人關係融合的自我，由此也衍生了與西方不同的自我矛盾與衝突。

華人文化中形成的自我概念

在華人的文化裡，自我並非個人可獨自擁有的。華人社會因個人與他人之間的界限不太明確，因此常出現自我與他人感受混淆的情形。華人的自我可稱為「關係性自我」，多半取決人際交往、人情面子、團體中的權利與義務等。個人對於他人的存在有著高度覺察能力，使得他人對自己的看法深深左右著個人。

華人社會偏向集體主義，具有肯定團結的積極意涵；相對地，個人主義會被視為自私自利、不關心他人、以及抗拒團體紀律，因此，在華人文化裡，「自我」往往備受抑制且低度發展。

東西方文化下形成的自我概念

西方的個人主義對照東方的集體主義，使個人的自我概念和生活模式都備受影響。

西方社會下的自我概念
自主性高
個人獨特性
個人成就

強調個人發展

東方社會下的自我概念
集體主義
團體和諧
與他人連結
人情面子

看重關係與群體發展

華人自我四元論

華人心理學家楊國樞以社會取向理論為基礎，考量當前華人社會的狀態，說明華人社會下所形成的自我概念。

個人取向自我

認同自我且對自己負責，具有自我接納、個人自尊與自我提升等主動性需求的本質。

家族／團體取向自我

與家族或團體建立和諧關係。有團體的認同、保護、責任等需求，更有團體性榮耀感等情緒本質。

關係取向自我

認同關係中的對方，有依賴、分享、維護面子等關係的需求以及以關係為主體的情緒本質。

他人取向自我

尋求來自非特定他人的社會認同、尊敬與名譽等需求。

這四種取向的自我也常有彼此衝突的情況，因此造成個人在這些取向自我間的掙扎。

例 關係取向自我VS.家族取向自我，相互拉扯。

完形理論①

放不下的過去，如何影響現在的我

人們往往認為，過去的事就過去了，但有些「未竟事宜」愈不去理會，愈會形成傷痕，影響日後的每一個想法與決定。

「未竟事宜」如何形成？

人生歷程是一幕又一幕以自己為主角的事件、情節，有參與其中的人、和故事背景。通常，個人當下的感受、希望、慾求，會特別專注於某一焦點，可能是鍾情的人、深刻的景象、或一份特殊的情感……等。當一事件過去了，緊接著投入另一事件時，前一事件最好能以一個「完形」、也就是讓焦點淡出退回背景中，了結整個事件，使人能再次專注於新的焦點。

但有些過去事件的焦點卻不會退去，成為未竟事宜，在往後的歷程中有意識地、或無意識地不斷出現、干擾著，阻礙完形。

未竟事宜的形成

無法讓事件中的焦點影像退回事件的背景，人的心中就會形成沒有了結的「未竟事宜」，並存留在心中揮之不去。

……………
說，為什麼要分手！
背景
事件中較不被關注的部分。例如：辦公桌及其他同事。
焦點影像
事件中突出於背景的影像。
自己

「沒有答案」成為事件中的焦點影像，其中無以宣洩的情緒便成為「未竟事宜」。

完形的循環 人的成長歷程是不斷形成「完形」的過程，如果未能完形就會產生「未竟事宜」這般僵局，使個人情緒與能量受到阻礙。

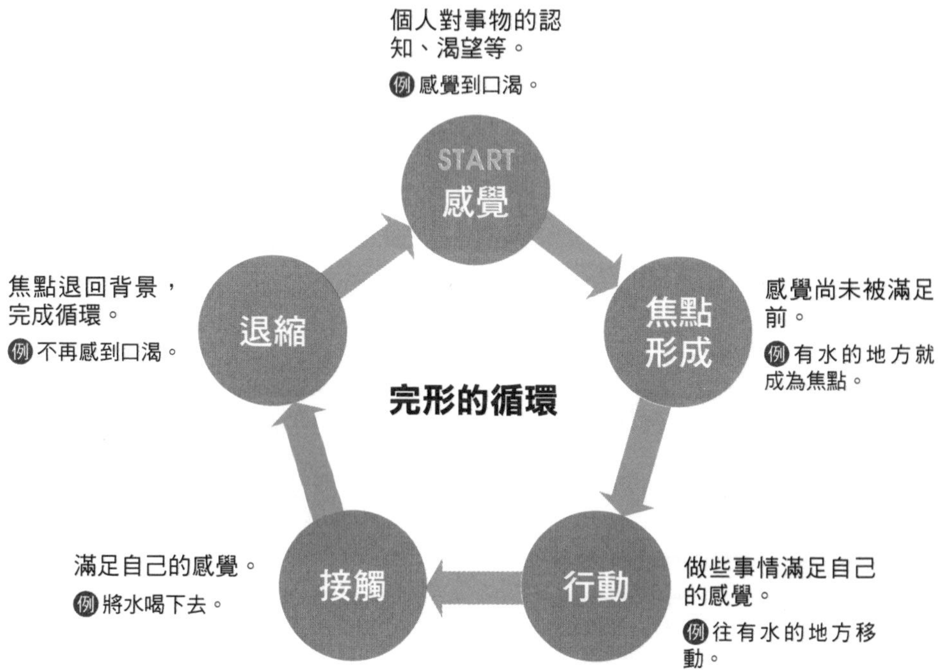
個人對事物的認知、渴望等。
例 感覺到口渴。
START
感覺
焦點形成
感覺尚未被滿足前。
例 有水的地方就成為焦點。
行動
做些事情滿足自己的感覺。
例 往有水的地方移動。
接觸
滿足自己的感覺。
例 將水喝下去。
退縮
焦點退回背景，完成循環。
例 不再感到口渴。
完形的循環

未竟事宜的影響

這些存在腦海中揮之不去的「未竟事宜」，並不會隨時間過去就被淡忘，若沒有完整經驗它，重新檢視它，未竟事宜中隱藏的情緒可能日趨強烈，衍生成日後對關係缺乏安全感，或是再次遇到類似事件時的心理障礙，甚至摧毀自我價值。例如在與情人分手的經驗中，女方一直渴望從男方口中聽到合理與具說服性的理由，然而男方一直未能給出女方渴望的答案。

在此例子中，女方可能感到憤怒、難過等強烈的情緒，然而這些情緒可能並不一定在當下就宣洩出來，因此被拋棄的痛苦便可能一直留存在女方心中。未得到對方提出分手的理由，這件未完成的事件，導致情緒無法流動，促使女方將憤怒轉回自己身上，認為是自己不好、開始討厭自己；或是從此不再相信異性、無法與異性發展親密關係。

完形理論②

如何放下過去，活出自我？

心中無法了結的傷痛並不會因為視而不見，就逐漸消失，只有重新再走一回當初受傷的經過，宣洩完當下沒有釋出的情緒，傷口才得以癒合。

為什麼無法擺脫未竟事宜的干擾？

人無法脫離環境獨活，必須透過與環境的人事地物互動來獲得支持，滿足需求，這過程稱為「接觸」（參見P49）。未竟事宜留在心中的焦點影像，可能讓人產生「內攝」、「投射」、「回攝」、「解離」及「融合」等防衛方式，而遲遲無法面對真實。只有覺察自己的情緒與未竟事宜的關連，深入面對自己，擴展對自我的了解，才有機會改變這種情形，回到完形循環的順暢狀態。

如何完結未竟事宜？

要完結心中的未竟事宜，人

干擾完形的因素

人可能透過自我防衛，避免真實接觸自己的情緒，以致干擾「接觸」的達成，使未竟事宜無法了結，完形循環中斷。

投射

把部分自我摒除丟給環境，認為是他人的東西。

例 因為不滿父母的命令，將自己的情緒遷怒到父母身上。

解離

以過度幽默、抽象概括及問問題等不表達自己想法的方式，避免接觸問題。

例 覺得自己愚蠢至極，才需要父母這般命令他。

→ 使完形循環中斷，未竟事宜持續困擾自己，影響未來生活。

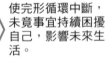

必須試著面對僵局，推動完形的循環流動。試著回到過去，將過去發生的經歷放到現在來加以檢視，再一次充分感受與體驗事件當時的狀態，細緻地覺察每一個環節，並將湧上來的情緒找到適當的出口加以宣洩。這樣的過程可藉由受過訓練的心理專業人員帶領，陪同個案的當事人充分經驗情緒，並讓過去經驗釋放掉，使焦點退回背景完成完形的循環，不會再受到干擾。

INFO 處理未竟事宜要小心二度傷害

當心理專業人員要使用完形理論去幫助個案解決未竟事宜時，個案的準備極為重要，他是否準備好將停留在心中很久的影像好好回顧一遍，且過去強烈的情緒經驗會讓個案害怕或退縮，若專業人員沒有良好的引導，或個案還不夠強壯，則可能讓個案在巨大的情緒中再次受傷，因此需在雙方都妥善準備好才適合進行。

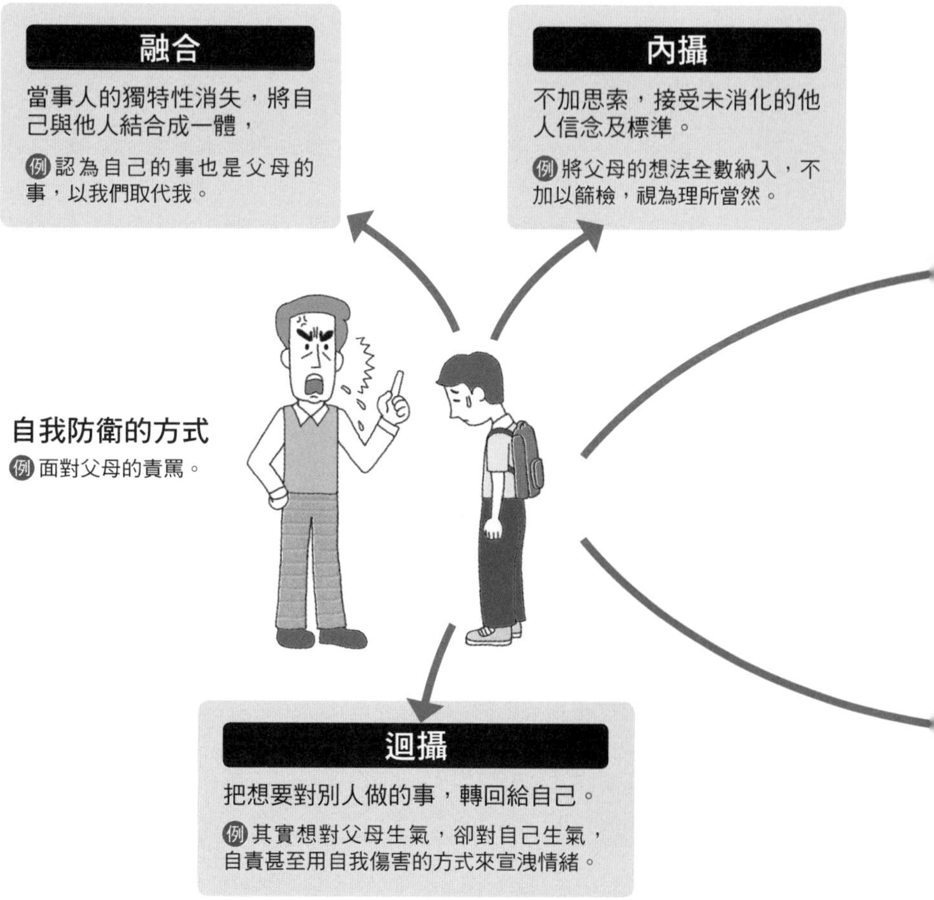

融合
當事人的獨特性消失，將自己與他人結合成一體，
例 認為自己的事也是父母的事，以我們取代我。
內攝
不加思索，接受未消化的他人信念及標準。
例 將父母的想法全數納入，不加以篩檢，視為理所當然。
自我防衛的方式
例 面對父母的責罵。
迴攝
把想要對別人做的事，轉回給自己。
例 其實想對父母生氣，卻對自己生氣，自責甚至用自我傷害的方式來宣洩情緒。

馬斯洛的需求理論

人的一生在追求什麼呢？

人本心理學家馬斯洛提出需求層次，認為人除了有基本的生存需求之外，還會努力追求高層次的需求，這些需求都會影響個人外在行為的表現。

【需求金字塔】

人類必須滿足下層的需求後，才能發展出上一層次的需求。因此當一個人生活無法溫飽時，則難以發展出對於美或者對於知識探求等的積極需求。

人的需求金字塔

隨著成長，人會努力不斷地滿足自己內心的需求，並不只是生理、安全等生存需求，馬斯洛（Abraham Maslow）提出的需求金字塔中，尚包括愛與隸屬、自尊、知識探索（認知）、欣賞美好事物及自我實現等更高層次的需求。這些需求是彼此關係、且循序漸進的，例如「衣食飽而知榮辱」就是實現更高層次的表現。一般而言，要在人生中達成自我實現，必須先滿足了「生理」、「安全」、「愛與隸屬」、「自尊」、「認知」、和「美」這六項需求才能完成。

對美好事物欣賞的需求。

追求成就感、自我價值感，渴望受到他人認可與尊重等需求。

生活安穩的住所、無須擔心外在危險等。

自我實現的最高境界

自我實現是人終其一生追求的目標。馬斯洛研究發現，在生活上臻於自我實現的人，能在充分了解自己、以及自己與外界的關係，能坦然接納自己、也能寬容迎受他人，能看見自己與他人的缺點，卻不過於挑剔、能在不完美的世界裡追求自我的價值，對生命抱持肯定積極的態度。因人格成熟獨立，所以能享受獨處、不依賴他人獲得滿足，能與一些人建立深厚的情誼，而不是離群索居、或僅有泛泛之交。

這樣性格的人，在智能上通常也會展現較高的創造力，對環境事物及周圍世界的知覺既能深入、也能跳脫，不至於凝滯僵固而無法跨越人生的每個關卡。

在達到「自我實現」時會伴隨高峰經驗。所謂高峰經驗，是一種私密也難以言喻的經驗，會出現極度快樂、喜悅、敬畏的心情，是個人在自我追尋中滿足喜樂的感覺。

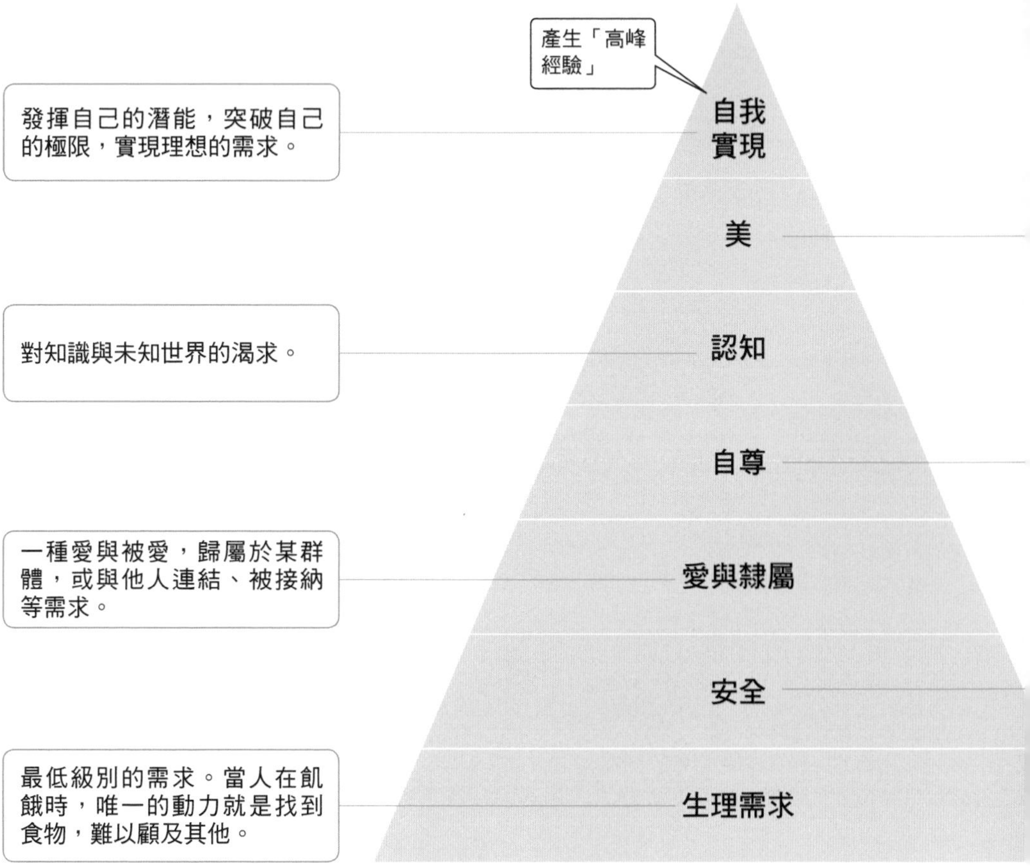
產生「高峰經驗」
自我實現
發揮自己的潛能，突破自己的極限，實現理想的需求。
美
認知
對知識與未知世界的渴求。
自尊
愛與隸屬
一種愛與被愛，歸屬於某群體，或與他人連結、被接納等需求。
安全
生理需求
最低級別的需求。當人在飢餓時，唯一的動力就是找到食物，難以顧及其他。

Column

放下悔恨的過去，挽救悲慘的現在

案・例・故・事

小宇是三十出頭的成年男性，一直以來有著生涯方面的困擾，難以維持穩定的工作、經常轉換工作環境，也不清楚自己要什麼。

在小宇的求學經歷中，國小國中一路順遂，但到了高中選組階段時，因為學校選組體制的限制，他被迫從自己喜歡的自然組進到社會組，為此他與學校教務人員大吵，並且不斷申訴，即使出動父母也無法改變，校方仍依規定處理，因此未能如他所願。自此之後，小宇經歷了長期的憂鬱，感覺自己的人生就此被定奪，難以有轉圜的空間。

高中畢業後，小宇未能如願考取大學，經歷一年重考，小宇後來考上文組的科系，也展開工作生涯，卻一直不順遂、也對生活不開心。仍耿耿於懷過去希望成為數學老師的夢想。

小宇後來求助諮商師，不斷重述高中的痛苦經驗後，諮商師引導小宇回到過去深入探索當時的情境，深入當時的經驗後，幫助小宇再一次完整經歷高中選組的過程。當小宇再一次看清選組的全貌，才頓時發現，這是一件他已經無法改變的事實，即使是現在的自己，也沒有能力改變，但他卻花了這麼多的時間糾結在無法改變的事件當中。當小宇再一次經驗過去、並且看清現實後，產生了頓悟與覺察而重新理解事件，而能開始接納發生在生命中的選組事件，也開始對當時有了不一樣的感受，「其實我重考時，是重新選擇的機會，但我沒有」。於是小宇重新開始他的生活，不再怪罪於選組事件，用嶄新的態度面對自己的生涯。

拜塞爾（Arnie Beisser）曾提出矛盾改變理論，他認為當個人發現自己所渴望的改變根本不可能發生時，改變便已發生了。

這樣的說法雖然弔詭，但依完形理論的說法，若一個人愈是不想當自己，愈是難以改變自己，也愈容易停留在原地無法改變。小宇耗費很多的力氣在拒絕選擇上，不想當自己、不想做那件事、不要如何如何，卻不願承認「我想要肯定自己與接納自己」。因此在小宇的故事中，可看見高中的小宇一直抗拒著做真實的自己，因為他無法接納事情發生在自己身上，唯有在覺察、頓悟、接納自己後，改變才有可能發生。

小宇的故事中，若以完形的循環來看，感覺↓焦點形成↓行動↓接觸↓退縮↓完形的循環。「選組事件」就如同是影像裡形成的焦點，因為小宇「感覺」沒有被聽見、被接受，能量因此被卡住，轉而責怪他人或者抱怨學校體系等。

雖然「選組事件」是個人無法改變也不可控制的「未竟事宜」，小宇其實可以透過後續的自我努力與「行動」來滿足自己進入自然組的渴望。然而因為影像形成後，小宇在過程中受傷、受挫，自信心大受打擊，因此沒能重新審視整個過程。一直到透過諮商師的陪伴與長時間的談話後，才有機會讓完形的循環得以重新「接觸」。

然而一般來說，接觸都需要耗費許多能量，重新與傷痛的過往接觸，需要足夠安全的環境與支持，否則容易造成當事人的二度傷害，一旦形成二度傷害，原本的傷害將加倍，讓當事人更加畏懼或導致嚴重的心理疾病。例如面對性侵受害者時，許多人都不願面對與回想那恐怖的經歷，或感到嫌惡或自責。若當事人未有足夠強韌的內在與心理準備時，冒然討論此事，無疑是強迫當事人再度接觸性侵，也將導致當事人的二度傷害，需要更長的時間才能從事件當中復原。

因此在事發後重新回顧與接觸的過程，建議最好能在專業人士的陪同下進行。需與當事人再三討論與確認他們對於場景回顧的準備程度，透過適當的引導、探索與情緒性支持，讓他們在安全感受下描述事件，以不同的視角看待當時的經歷後，當事人才算得以接納事件，讓影像「退縮」至背景，完成完形的循環，從過往的事件中釋放出來。

Chapter 3

兩性關係的分與合

不管是荷爾蒙作祟，還是個人發展需要，從青春期進入成人階段，人會開始渴望愛情、開展親密關係。在此時期，一方面會感覺受到強烈的內心情慾驅策，另一方面，當從一個人變成兩人世界時，也衝擊著個體原有的認知、思考方式、生活習慣、價值觀等。

初初走入愛情時，人多半容易沖昏頭，只有在面對情感的變化後，才能慢慢放下不切實際的期待，釐清幻想與真實。其間，可能還必須面對最初的激情與親密愛戀逐漸褪去或變質，最後痛苦分手的結果。所幸，絕大多數的人能在極盡悲傷、哀悼愛情後痊癒，重新整備自己，繼續再愛。

學·習·重·點

- ✔ 為什麼我對愛渴求？
- ✔ 他是我命中注定的情人嗎？
- ✔ 如何超越友達以上、戀人未滿的關係呢？
- ✔ 我們這樣算是愛情嗎？
- ✔ 該怎麼避免愛情中的暴力？
- ✔ 怎麼撫平失戀的痛？

愛與依附

親密的依附關係是人類基本需求

人都渴望愛，表現出的依附行為早從嬰幼兒階段便已開始，而且終其一生都在進行。嬰孩時期能否自照顧者得到滿足的愛，會影響成人階段的依附型態，甚至伴侶關係的發展與滿意度。

沒有你，我活不下去

「依附關係」是人類與生俱來的能力，會透過一段重要關係的互動展現出來。嬰兒與父母等主要照顧者的互動，是人類最早期的依附關係，這時期的行為模式與互動品質會形成個人依附關係的基本樣態。安全的依附關係提供孩子安全感與穩定感，可以調整內在情緒，並且有勇氣主動探索外在世界。

在人的一生中，不論是孩童或成人都會有依附的需求，特別是成人在各種人生歷練的壓力情境下，會尋求可依附的對象，如信任的長輩、好友或者伴侶等，來獲取安慰及力量。

成人依附理論　成人的依附關係是從嬰兒時期發展而來。即使成人後，與好友、情侶的關係也會如嬰兒時期一般尋求依附感。

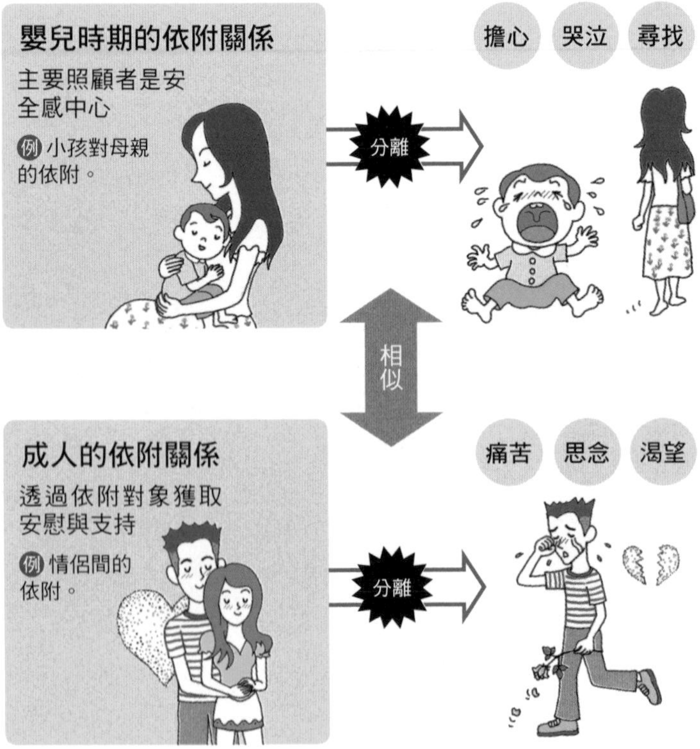

嬰兒時期的依附關係
主要照顧者是安全感中心
例 小孩對母親的依附。
分離
擔心
哭泣
尋找
相似
成人的依附關係
透過依附對象獲取安慰與支持
例 情侶間的依附。
分離
痛苦
思念
渴望

依附關係對愛情關係的影響

在愛情關係中，每個人會因為嬰兒時期與照顧者的依附關係，衍生出與伴侶的互動上不同的依附風格，影響人在關係中的想法與行為，也會影響關係的品質。

嬰兒時期的依附關係 —影響→ **成人的依附關係**

形成三種可能的依附性格

安全依附型

對愛情持有正向且較為穩定的看法，能與伴侶關係良好，互相信任與支持。

愛情關係穩定且快樂。

焦慮／矛盾型

對所愛的對象具有強迫性的迷戀態度，常有極端的情緒反應，善忌妒，容易戀愛卻難尋真愛。

愛情關係多為不穩定。

逃避依附型

易嫉妒甚至存有恐懼的心理，對愛情存疑、有逃避與伴侶太過親密等極端的反應。

愛情關係不佳且危險。

依附風格影響愛情關係

哈杉（Cindy Hazan）與謝弗（Phillip Shaver）於一九八七年首先將依附理論與成人的愛情關係做連結，發現愛情關係中的許多特徵，與幼兒依附照顧者的行為非常相似，例如兩人在一起的時候會感到愉快、安心，分離時會感到痛苦或擔心焦慮。

這也表示，依附關係的安全、互信與否，會影響關係互動的品質是形成快樂、信任的情誼，還是善妒、不穩定的關係。

人必須能覺察自己的依附風格，並從過去親子關係互動中，了解親密關係在當中的延伸，才能避免一再陷入相同的模式、有機會改善彼此的關係。

潛意識對愛情的影響

他是我命中注定的情人嗎？

愛上不該愛的人、命中注定般的感受，這些強烈的愛戀感，其實是來自於潛意識的異性人格在作祟。藉由認識這異性面，整合自己的人格，才有可能抵禦那情不自禁的吸引力。

我心中的理想情人是？

榮格認為，他雖為男性，自己的意識是由男性人格所壟斷，但潛意識中，卻暗藏著女性的一面，是較溫柔且富情感的內在面，此內在面彷彿是個人的次生人格。

榮格把男人女性化的一面稱為「阿尼瑪」，其往往由母親的形象塑造而成。「阿尼瑪斯」是女性的陽剛面，則由父親的形象所賦予。這也解釋了為何有的男人多愁善感，舉止如同人們心目中傳統女性的形象，有的女人則是舉止粗獷或愛好掌權。

不過每個人的阿尼瑪或阿尼瑪斯都不同，具有不同的特點，但每個人都是從它去判斷異性該有的優點，所以當遇到符合自己阿尼瑪或阿尼瑪斯的人時，就會感受到極強烈的吸引力。

我和他是錯愛嗎？

不過榮格認為，如果將自己內心的阿尼瑪或阿尼瑪斯「投射」到理想化的異性身上，例如男性將女友理想化為女神，女人則不斷尋求心中的白馬王子，這種戲劇性的愛情會形成危險的致命吸引力，容易讓人做出錯誤的判斷。

成熟的愛情關係還必須經歷「反投射」的過程，也就是要區分自己向他人投射的是什麼。例如覺察自己一直期待對方能像自己想像的天真可愛。此外，也能將他人投射到自己身上的能量整合到自己的內在，例如他認為我應該是個有自信的人，這是好的，我應該試著更肯定自己，也肯定我們之間的感情。如此才能清楚分辨愛情，維繫感情。

INFO 個體化歷程 還原關係樣貌

個體化的過程中（參見P31），其中一個重要部分即是整合自己主要人格和次生人格。由於人往往在過程中會因社會期待而壓抑自己異性面的展現，使阿尼瑪和阿尼瑪斯改以投射到異性身上以獲得滿足，因此透過自我整合去除相互投射，才能還原關係的真實面貌。

愛情的投射歷程

潛藏在人心中的阿尼瑪或阿尼瑪斯會讓人在關係中充滿幻想，只有破除幻想，一步步看見真實、整合自我，才能維繫長久的親密關係，回歸關係最真實的本質。

理想化階段：互相吸引

阿尼瑪

男人心中的陰柔面，是男人的次生人格。

例 天真無辜的少女。

阿尼瑪斯

女人心中的陽剛面，是女人的次生人格。

例 事業有成，擁有良好社經地位的男性。

強烈吸引

幻想圍繞

命定般的

愛情

理想化對方

投射

感覺對方和自己的阿尼瑪或阿尼瑪斯完全符合。

差異化階段：產生衝突

女生占有慾強、情緒化

看到對方其他特質，覺得對方與自己的阿尼瑪或阿尼瑪斯有差異。

男生優柔寡斷、丟了好工作

自我整合階段：還原關係樣貌

情況1 覺察

覺察到自己將阿尼瑪或阿尼瑪斯投射在對方身上。

以「反投射」重整

檢視自己在對方身上投射了什麼而有錯誤期待，藉此「反投射」重新整合自我、和重新定位彼此的關係。

情況2 未覺察

兩人都沒覺察到自己將阿尼瑪或阿尼瑪斯投射在對方身上。

衝突持續

無法接受對方與幻想中的形象不符，爭吵不休，關係破裂。

關係階段論

如何超越友達以上、戀人未滿的關係？

兩人從互相認識到互相吸引，隨之發展出對彼此的依賴與渴望，才能成為戀人。在墜入愛河後，伴隨而來的是種種生活與相處上的課題，這些都是親密關係必經的過程。

發展親密關係的要素

一般關係之所以得以進一步發展，不外乎經過頻繁的互動、了解對方具有與自己的背景、條件、信仰等相似的條件、能感受對方對自己的友善等促進相互吸引的因素。但若要進入親密關係，還必須能在關係中坦露自己，說出自己的感受與想法，甚至表達自己最深層的內在與脆弱，並能與對方互相依賴，才能讓彼此的親密有別於一般的人際關係。

親密關係發展階段

瑞斯（Harry Reis）與謝弗（Phillip Shaver）提出「愛情車輪理論」，認為愛情的過程就像轉動

親密關係的開啟

愛情關係的開展會因內心強烈感受或頻繁互動等，強化兩人的吸引力、讓兩人更為熟悉，進而從朋友關係逐漸發展為戀人。

外表具吸引力
是影響第一印象的重要因素，但與關係滿意度不甚相關。

時空接近性或熟悉感
互動頻繁，認識對方愈多，愈容易加深情感、彼此吸引。

與自己相似
對於相同背景、條件與信仰者，愈容易聚在一起，進而產生情愫。

互惠與回報
當感覺到對方的友善與好感時，會以較友善的態度回應。

朋友變成情人
被對方吸引，兩人愈感熟悉而動心。

愛情車輪理論

進入親密關係後，雙方的交流會由淺至深的發展，如同一個車輪持續轉動，一步步地開放自我，學習依賴並獲得歸屬等，讓親密關係更加深刻與持久發展。

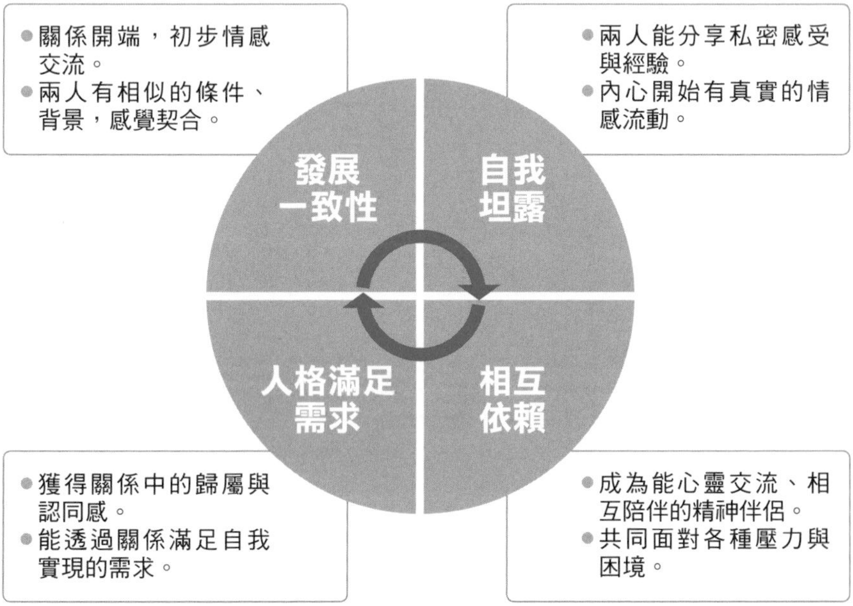
關係開端，初步情感交流。
兩人有相似的條件、背景，感覺契合。
兩人能分享私密感受與經驗。
內心開始有真實的情感流動。
發展一致性
自我坦露
人格滿足需求
相互依賴
獲得關係中的歸屬與認同感。
能透過關係滿足自我實現的需求。
成為能心靈交流、相互陪伴的精神伴侶。
共同面對各種壓力與困境。

車輪，由淺而深地歷經四階段：發展一致性↓自我坦露↓相互依賴↓人格需求的滿足。從相似的背景開始，初步與表淺的交流，逐漸有更深度的感受和經驗表達，到後來價值觀的分享，進而依賴彼此成為精神伴侶、到成就人格的需求。愛情之輪子必須持續地轉動，彼此有更深入的互動與開放的自我，才能創造彼此更緊密、和諧與滿意的親密關係，否則關係難以長久維繫、或僅停留在表淺的關係中。

INFO 增加出現頻率，好感度UP

心理學中的「單純曝光效應」說明了，若是一開始並不討厭某人或物、但也不特別喜歡時，若其重複出現，便會對該對象產生好感。因此當一個不討厭的人不斷在眼前出現時，便愈有機會喜歡上。

愛情三元論

我們這樣算是愛情嗎？

「愛情是什麼？」是許多人渴望了解的答案。身陷情海，有激情也有親密感的伴侶，若也能承擔責任、立下承諾，就能完整愛情關係，持續保有愛情的熱度。

愛情三元素

關於愛情，有許多理論與公式，其中以心理學家史坦伯格（Robert Sternberg）提出的「愛的三角形理論」最被普遍接受。

完整的愛是由激情、親密與承諾三個元素所構成。①愛情的發生需要有讓人渴望靠近的吸引力，渴望與對方接觸，即動機的部分；②需要有心靈上的溝通交流、與情緒的連結和共鳴，即情感層面；③需要有意願經營關係，相廝相守的付出，即認知層面。缺少一部分，愛情會變得不完整，也不容易長久。

兩性關係的類型

情感關係中假若缺少三元素中

愛情三角形理論：史坦伯格描述的愛情三元素論，對愛情做出幾何學的假設，從情感、認知與動機層面了解愛情的需要，是目前對愛情研究得最完整的理論。

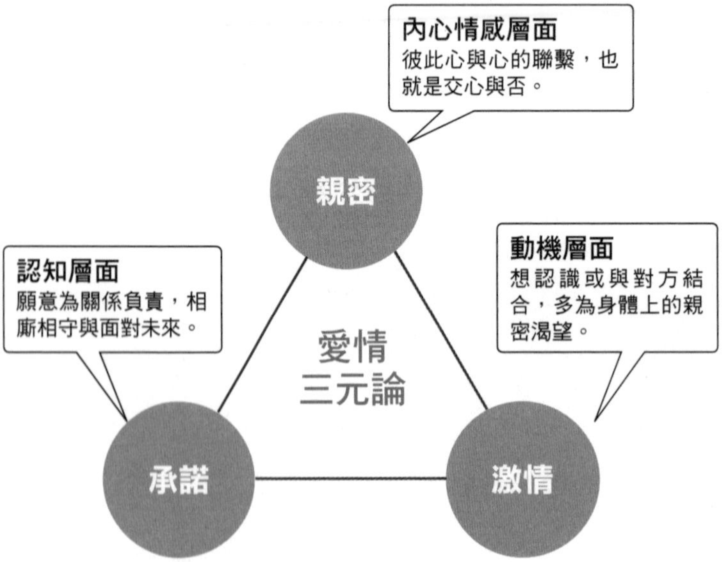

內心情感層面
彼此心與心的聯繫，也就是交心與否。
親密
認知層面
願意為關係負責，相廝相守與面對未來。
動機層面
想認識或與對方結合，多為身體上的親密渴望。
愛情
三元論
承諾
激情

三者同時存在，才是完整的愛情。

不同元素形成的兩性情感

以史坦伯格的三個愛情元素排列組合後，會形成八種情感型態，巧妙地描述世間多種樣貌的愛情，但唯有三元素俱足，才是令人幸福的愛情。

類型＼元素	親密（情感層面）	激情（動機層面）	承諾（認知層面）	表現型態
無愛	×	×	×	多為一般人際關係。
喜歡	○	×	×	能互動交流的朋友。
迷戀	×	○	×	一見鍾情。
空洞之愛	×	×	○	奉命成婚、同床異夢。
同伴之愛	○	×	○	柏拉圖式的愛情、老夫老妻。
浪漫之愛	○	○	×	陷入熱戀。
情慾之愛	×	○	○	旋風閃電式的愛情。
幸福之愛	○	○	○	最具滿意度的愛情。

的任一個，都會變得不穩定或很快就冷卻，例如只有激情與承諾的關係最容易出現閃電結婚的情形，在彼此尚未有心靈上的互動和深刻的認識，就渴望天長地久地走下去；只有親密與激情的浪漫之愛，是只在乎曾經擁有的典型，兩人只擁有短暫的愛戀。

此外，還有以單一元素存在的愛情形式，如一見鍾情、暗戀等，是只有激情、且處於迷戀階段的關係。而只有承諾的關係，是有名無實的，如只靠一張證書維繫婚姻關係的夫妻。

完整的愛需要同時兼具親密、激情與承諾三者。

史坦伯格

怎麼控制暴走的情緒？

情緒的管理一直以來被視為重要的課題，不管是工作或生活上的人際互動都受到很大影響。若能了解情緒的效應、管理情緒的技巧，便能幫助自己成為情緒的主人，避免情緒失控。

什麼是「情緒星座」？

「情緒星座」的概念，出自於人際歷程心理治療理論，是指當發生情緒反應時，真正原因其實是某一核心情緒，但往往表現出來的卻只是表面情緒。當經過深入探索與了解後，會發現許多次的情緒反應實際上都是由同一核心情緒所引發的一系列反應。

核心情緒之所以沒有表現出來，大抵都是因為此情緒對當事人有威脅性，而被加以壓抑，取而代之的則是表現出來較無害的表面情緒。

Step1 覺察情緒

覺察到自己的情緒，暫緩情緒釋放。

例 發現自己現在好生氣。

↓

Step2 面對情緒

了解內在想法，承認並接納自己的情緒。

例 想想看為什麼會對他這麼生氣。

↓

Step3 處理情緒

適度表達情緒，但不引起衝突。

例 整理一下該怎麼讓他知道我在意的事情。

方式1	方式2 佳	方式3
暫時忍住情緒，冷戰離開。冷靜後再溝通／可能延宕衝突。	從「我」出發，表達：「我好擔心你是不是發生什麼事了？」。	將憤怒轉為指責：「為什麼總是這麼晚回來！」，易衝突。

情緒要如何管理？

管理情緒是為了保護自己與他人之間的關係，然而，如何在盛怒當頭有效自我覺察、坦承面對與處理，則是人生一大功課。

管理情緒從覺察情緒開始。當生氣時，必須能覺察自己正在生氣，接著，面對生氣的情緒，了解情緒的起源，承認並接納自己正在生氣，才能理解與轉化情緒，讓自己察覺到該去找宣洩和安撫生氣的方式。在下一次相同的情境下便能提醒自己不再重蹈覆轍。

最後，再適當地宣洩，如打抱枕、悶頭大哭，或以書寫、找人談心等方式疏導情緒。千萬別壓抑情緒，排解不掉、積壓在心中的情緒可能會讓人心理生病，甚至產生生理的病痛。

與情緒共舞

情緒對關係往往有極大的殺傷力，因此它需要被看見並且深入處理，透視自己情緒背後的不安與擔憂，並在關係中適當表達，才有助於關係的深度發展。

例 女友等待男友返家的情緒表現。

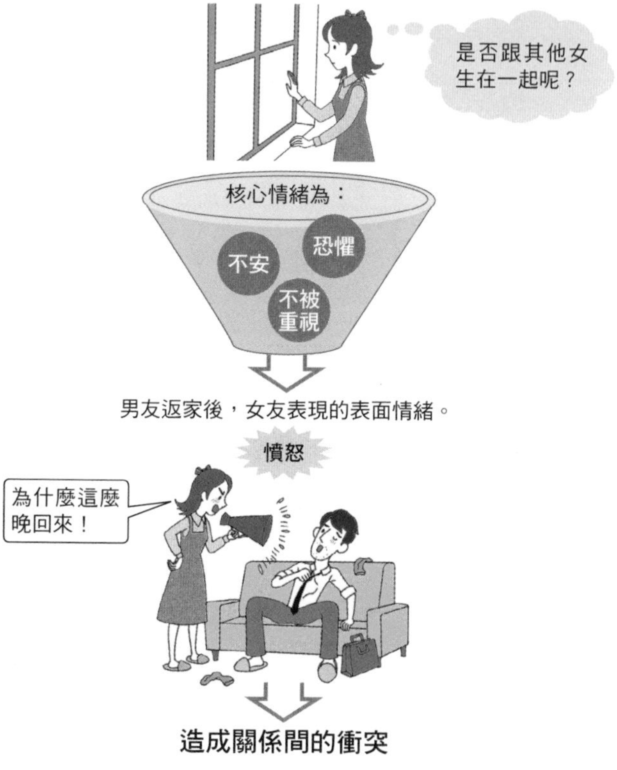
是否跟其他女生在一起呢？
核心情緒為：
不安
恐懼
不被重視
男友返家後，女友表現的表面情緒。
憤怒
為什麼這麼晚回來！
造成關係間的衝突

我竟然會對另一半動粗？

一段讓人害怕的親密關係主要源自施暴者心中無法填補的傷口，例如兒時不良的家庭關係，以致透過暴力來控制或宣洩情緒，但這危險關係卻又因社會觀感、自我價值等因素而難以分離。

何謂親密暴力？

親密暴力是指對伴侶施加暴力行為，包括拳打腳踢等身體上不法侵害的行為、用言詞或語調予以脅迫恐嚇等精神上不法侵害的行為，以及強吻、強迫發生性關係、強拍裸照等性虐待均屬暴力行為。

為什麼會變成暴力伴侶？

心理學家柯哈特（Heinz Kohut）在自體心理學中提出，施暴者期待能維持一個完美的自我形象，當此形象受到挑戰時，為彌補受傷的自我，會採取暴力手段，以維持「我是好的」的自我形象。

另一說法是模仿。若兒童期常受到父親的羞辱或施暴，母親也無法提供安全依附與照顧時，便會影響兒童的自我形象與自我價值的建立。當他成年後，面對挫折與拒絕時，則可能模仿父親使用施暴或攻擊來處理憤怒。

此外，有些施暴者也會將對方視為鏡子，並依賴鏡子來證明自己有表達的權力，這源自於他們無法肯定自我價值，因此需透過更多權力的掌控來維繫自尊。

親密暴力的徵兆

暴力傾向者和伴侶相處時，通常會出現一些徵兆，像是透過不適當的行為控制來降低自己內在的不安，或證明自己是掌權者，但這些做法卻會造成對方精神上或身體上的壓力，例如找不到人時奪命連環CALL、若跟異性見面就會吃醋，甚至在公眾場合大聲辱罵、透過肢體暴力來取得關係的權力等。

被親密暴力糾結的因素

然而，有些人仍長期待在親密暴力的關係中，受暴者總是因為糾結著多樣因素，而難以脫離。例如長期受到語言暴力會摧毀受暴者的個人價值、自尊和自信，尤其是打擊來自於自己深愛的人，因此更加深受暴者對外界環境與未來有深度恐懼與焦慮感，以致更難離開親密關係。在施暴者一番甜言蜜語與補償行為後，關係又回到甜蜜的狀態，認為施暴者只是暫時失控，或者只是自己在關係中做得不夠好，認為施暴者仍然有好的一面。

親密暴力的伴侶特徵及心理成因

如何警覺到伴侶有暴力侵害的傾向，以及理解暴力行為的成形極為重要，它將幫助受暴者警覺並避免暴力延續。

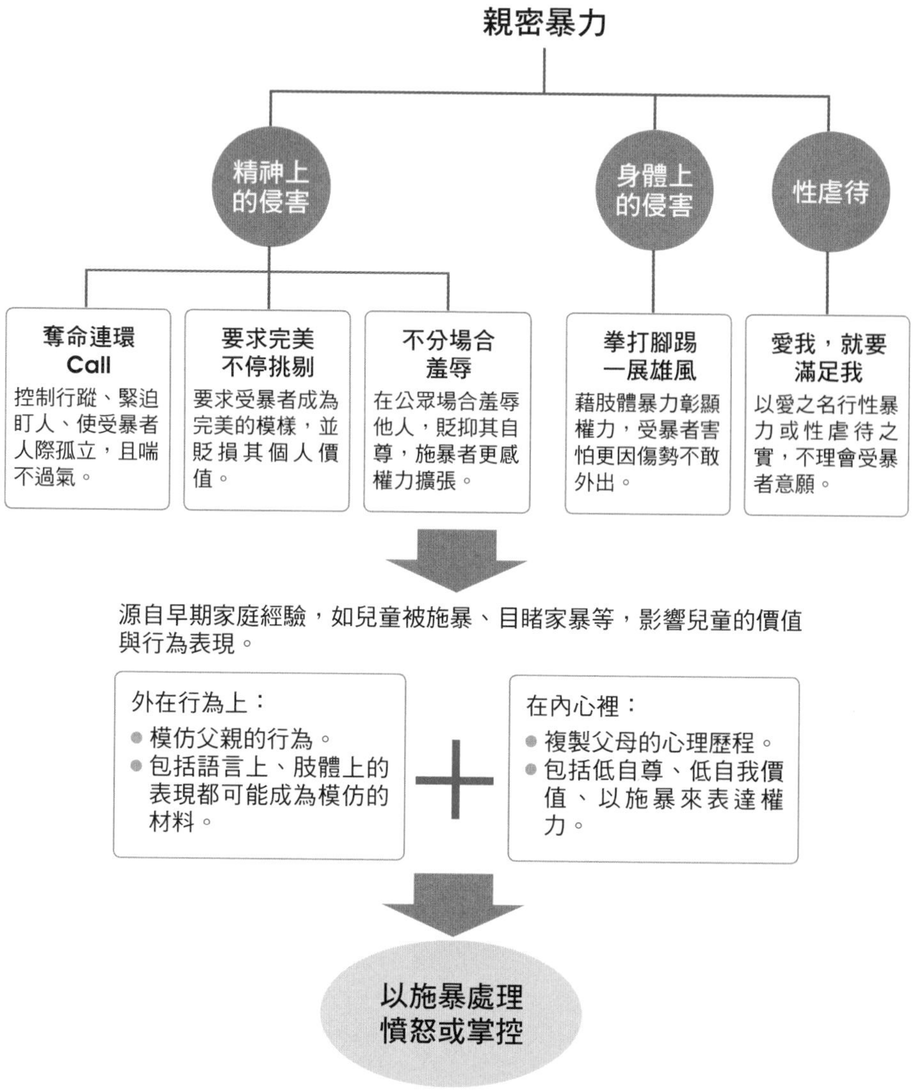
親密暴力
精神上的侵害
身體上的侵害
性虐待
奪命連環Call
控制行蹤、緊迫盯人、使受暴者人際孤立，且喘不過氣。
要求完美不停挑剔
要求受暴者成為完美的模樣，並貶損其個人價值。
不分場合羞辱
在公眾場合羞辱他人，貶抑其自尊，施暴者更感權力擴張。
拳打腳踢一展雄風
藉肢體暴力彰顯權力，受暴者害怕更因傷勢不敢外出。
愛我，就要滿足我
以愛之名行性暴力或性虐待之實，不理會受暴者意願。
源自早期家庭經驗，如兒童被施暴、目睹家暴等，影響兒童的價值與行為表現。
外在行為上：
模仿父親的行為。
包括語言上、肢體上的表現都可能成為模仿的材料。
在內心裡：
複製父母的心理歷程。
包括低自尊、低自我價值、以施暴來表達權力。
以施暴處理憤怒或掌控

情傷療癒①

我永遠都不可能愛別人了？

情傷帶來的失落與哀傷，往往需要時間來療癒，藉助時間之力，不僅讓情緒走完，也能讓自己漸漸接受事實、安撫失落，並轉化失戀為自我發展的力量。

失落時必須走過的情緒

失戀後，人好難即刻面對事實，排山倒海而來的是失落感。庫伯勒．羅絲（Kubler-Ross）是著名研究哀傷的學者，她經由臨床上的觀察分析提出五個階段來解釋當人失落時的情緒變化。

從否認事實↓感到憤怒↓和過去討價還價↓感到沮喪，最後才能靜下心來面對，接受分手的發生，不過因每個人擁有不同的生命經驗，在不同的階段便可能有不同的反應表現。

然而無論那些失落對個人來說多具獨特的意義、感受多麼苦痛，都需要時間來幫助療癒，要度過這些階段，接受事實，並非一步可

失戀的反應

情傷帶來失落與哀傷的情緒，需要時間讓人經歷過這些情緒，才能面對失戀的事實。

否認

拒絕並否認失戀的事實。

不！不可能，你怎麼會跟我分手。

憤怒

將內心的憤怒或挫折，歸咎於他人或自己身上。

一定是小三害的，太過分了。

討價還價

企圖透過討價還價等方式，改變不願面對的現況。

是不是我對你更好，你就不會離開我了？

沮喪

為既定事實感到絕望與悲傷。

看來我做再多努力也沒用了。

接受

開始能平靜面對與接納事實。

再見了，我的愛。

沃登的哀悼任務

接受了分手的事實後，可透過完成「哀悼」任務，將情傷轉化為正面力量，幫助自我成長。

任務1 接受失落的事實

感受到對方離開的改變，身心尚難以適應。

沒有電話打來……

任務2 經驗悲傷的痛苦

讓悲傷自然流動，即使令人難受，也不抑制悲傷。

那時好幸福！

任務3 重新適應對方不在的新環境

習慣新生活，也承擔起自我照顧的責任，並以新的角色與他人互動，非像過去出雙入對。

早安！

任務4 將情感重新投注在生命中

為逝去的關係找到意義，變成更成熟的自己，並能開啟新關係。

妳現在充滿成熟韻味耶！

及。

哀悼過去，展開未來

心理治療師沃登（William Worden）以「哀悼」二字，來描述從失落中主動對失去的人事物努力找到新的意義、而走出悲傷的過程。這個觀點也說明了，悲傷的人可以透過經歷面對事實、極度沮喪後，再重新學習與適應新生活，並找回自我存在的意義等任務來完成哀悼。

最後，讓那段逝去的關係在哀悼後，重新被定義，成為自己學習承擔、學習適應新生活的助力，並且讓自己重新擁有愛與被愛的能力，能夠再次投入新關係。

情傷療癒②

走出情傷可以這樣做

失戀分手的遭遇，是每個人在一生中難免會遭遇到的情景。不論是自己或周遭朋友，面對「悲傷」我們都應有正確的態度與做法，幫助自己走出谷底，也在必要時拉他人一把。

怎麼療癒傷口

怎麼達成哀悼任務呢？面對事實及處理沈痛的情緒，都需要有抒發的管道。可以試著找一個願意傾聽的人，讓這段故事有機會透過「說」的方式，重新被統整也重新被經歷，也許過程感到痛苦，但這是幫助自己面對傷痛的方式之一。

若覺得悲傷故事過於隱私，則可以寫一封「無法寄出的信」，將自己所有想說的話包括痛苦感受和悲傷、憤怒等情緒都寫下來，讓自己在書寫的過程中逐漸面對傷痛的事實。

此外，身體與心理有著情緒連結，適當與規律的運動，也能幫助抒解累積身上的情緒壓力。而透過

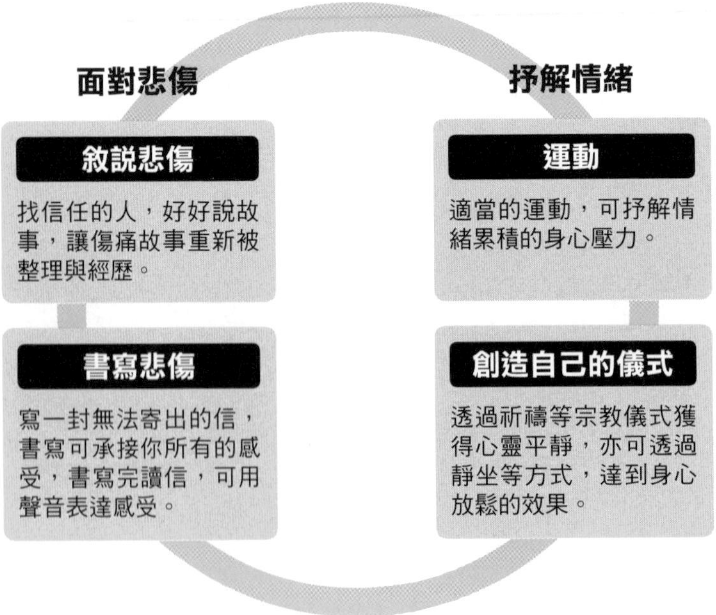
面對悲傷
敘說悲傷
找信任的人，好好說故事，讓傷痛故事重新被整理與經歷。
書寫悲傷
寫一封無法寄出的信，書寫可承接你所有的感受，書寫完讀信，可用聲音表達感受。
抒解情緒
運動
適當的運動，可抒解情緒累積的身心壓力。
創造自己的儀式
透過祈禱等宗教儀式獲得心靈平靜，亦可透過靜坐等方式，達到身心放鬆的效果。

禱告、誦經、靜坐、冥想等宗教儀式，亦能讓人獲得心靈的平靜，達到放鬆身心的效果。

千萬別這麼做

悲傷與情緒的抒發是需要學習的。在華人的教育文化中，往往不允許小孩子哭，也不允許孩子生氣，因此當成人面對悲傷和負面情緒時，往往用壓抑的方式處理，也會告訴別人哭的方法不可行，如：「你哭也沒用，他也不會回來阿！」或者譏笑哭是弱者的行為。

但這些做法會讓人對自己的哭泣感到罪惡，覺得自己無用而忍不住哭泣，造成失戀的情緒無法宣洩情緒，而阻斷悲傷療癒的歷程（參見P70、P71），使心裡的傷口難以復原。

療癒情傷該用哪種方式呢？

情傷療癒的原則就是面對與經歷，面對「傷痛」也經歷「難過」，才能完整與健康的走出情關，邁向下一段旅程。

禁止悲傷

不能悲傷就無法坦承面對失去，使能量無法釋放，傷痛無法癒合。

禁止憤怒

不能宣洩憤怒，就無法推進「哀悼」反應的後續階段，繼續受困於否認事實。

禁止回顧

不能重述失落的故事，就無法統整、重心理解失落的過程，為情感找到新的意義。

不愛了，非要有「答案」嗎？

「愛情不過是一種普通的玩意兒　一點也不稀奇
男人不過是一件消遣的東西　有什麼了不起」

〈卡門〉歌詞

聽著A-Mei（張惠妹）自信與挑逗地唱著「卡門」，歌曲中愛情的基調，似乎是玩弄於鼓掌間那般簡單輕鬆，然而現實當中，大多數人都無法輕鬆穿梭在愛情中，愛情讓他們輾轉難眠，讓他們失去重心，讓他們掙扎煎熬，愛情彷彿成了多數人生命中重要的課題，或者難以面對的關卡，永遠理不清頭緒。

許多人在愛情中受了傷，便開始對愛情產生不信任，開始害怕愛情，害怕再度受傷後需獨自舔舐傷口，因而更無法提起勇氣進入新關係。有些人會在一段關係中受了各種傷害，卻因為種種糾結因素，難以離開關係。也有些人在受了傷後，再次進入另一段關係，會以先傷害對方，來避免自己受傷。

案・例・故・事

凱西是一位三十五歲女性，身形中等，造型打扮入時，也有穩定的經濟收入。五年前，她與交往兩年多的男友分手，她非常愛男友，對關係也相當投入，原本以為這是一段可以走入婚姻的關係，沒想到才經營兩年多就必須終止。

分手過程並不愉快，她覺得男友並沒有交代清楚發生什麼事，也沒有告訴她原因為何要分手，她難過、哭泣著，男友卻只用沈默來面對她。這時候面前的男人，突然變得很陌生也很冷酷，她追問著：「為什麼要分手？」，男友說：「我對妳沒感覺了。」她繼續問：「我不相信，你是不是愛上別人了？」男友說：「你不要胡思亂想，我沒有，就是覺得沒辦法再繼續了…」男友拍拍她，告訴她：「我走了，妳別再哭了。」說罷轉身離開，只留下輕輕掩門的聲音。

凱西一直到現在還在尋找答案，她一直認為，情侶之所以分手，必然有具體與具說服力的理由，讓另一方相信，分手是唯一可行的辦法，因此一直糾結於此，剛開始她自我封閉，無法聽進任何人給的任何建議，難以與人互動，也幾乎停止社交生活。事隔五年，雖然凱西已回歸正常社交生活，然而每當提起分手一事時，仍然反覆地說：「他沒有給我一個答案……」

凱西是愛情中遭遇被動分手者相當常見的例子，被分手者在震驚之中，但接續的分手談話卻往往無法切中他們內心渴知的「答案」。而對「答案」的渴望，往往阻礙了悲傷歷程的前進，使凱西仍徘徊在「否認」與「憤怒」階段的悲傷反應，沒有「答案」，使她在情緒上認為他們不算真正地分手，她感到憤怒，因為對方並沒有符合她的期待。接著，也因為執著於「答案」，她無從提出討價還價的條件來讓事件有所轉圜，因此即使分手已經過了五年，凱西的情緒仍停留在「答案」上，也讓她難以檢視整個情傷的經歷，讓失落階段卡住，進而影響到她投入新關係的抉擇。

其實，凱西可以做的是，檢視自己對「答案」的執著。並非進入關係的每一個人都是成熟的個體，而往往每個人身上都帶著原生家庭處理衝突與分離的方式，有些人對於不喜歡的人事物，會以驟然消失的方式因應，因為他們不見得懂得如何處理衝突，或者如何面對他人的悲傷；有些人的分手，會以拒絕的形式展現，以單方面告知，無法面對面溝通，因為或許在他們的認知當中，從來沒有釐清自己的需求，也從沒有仔細考量過對方的需求。

在許多看似成人的個體中，都住著受傷的小孩，這些內在孩童他們經歷許多挫折與被拒絕。受傷的人不一定知道要療傷，因此當他們成為主動分手者，採取的分手方式，則並非被動分手者可以決定的。

我們無法改變對方要求分手的態度與方式，但我們可以檢視自己如何看待，以及用更全面性的方式去理解對方，並非在為對方說情，畢竟每個人有自己的人生課題，一旦能理解對方也理解自己，即可幫助自己從「答案」的執著中釋放出來，進而接受發生在自己身上的事情，並從分手的情史上找到意義。

Chapter

4

婚姻關係的幸福習題

走進婚姻代表兩人承諾組成家庭、共同生活。但由婚姻開啟的人生另一階段，卻是在外面的人想進去，在裡面的人想出來。因為單身容易，婚姻的建立與關係的經營卻不簡單，往往起初甜蜜，隨著日漸出現的各種相處的摩擦、問題，都考驗著當事人的情感與理智。

維持幸福婚姻的訣竅是必須不斷添入木炭維持熱度，持續良性的溝通，理解彼此的需要、共同面對與解決衝突。也許雙方都需犧牲一些個人自由與不便，過程也可能吵吵鬧鬧，卻能在緊密共識下，換得與另一半共同打造的幸福，這與單身是不同的人生情調與價值。

學·習·重·點

- 不同的兩個人，怎麼在一起？
- 我們結婚，真的好嗎？
- 我的婚姻幸福嗎？
- 我的弦外之音，你聽到了嗎？
- 為什麼我們吵不停？
- 有了外遇，是誰的錯？

不同的兩個人，怎麼在一起？

一個人自我分化的程度會影響處理情緒的能力，且此能力相近的人容易共組家庭，並用相同方式教養下一代，使得家庭成員的內心情緒如同基因會複製而代代相傳。

何謂自我分化

一個人對家庭互動的重視和自我分化程度有關。自我分化是心理學家鮑文（Murry Bowen）在家族治療中相當重要的核心概念，是指一種區分理智與情緒的能力，讓人意識到自己是獨立個體，能看見並區分自己與他人情緒的歷程。

鮑文認為，即使每個人都有「個別化」（想要獨立）與「一體性」（與他人緊密連結）的渴望，但若一個人自我分化程度太低，導致過度個別化或過度一體化，就會產生逃避問題或過度黏膩等偏激的行為。

自我分化愈高才愈能同時保有個別化和一體性，建立親密又不

自我分化的程度

自我分化程度會影響人際相處以及情感經營，過與不及將造成情感相處上多種問題。

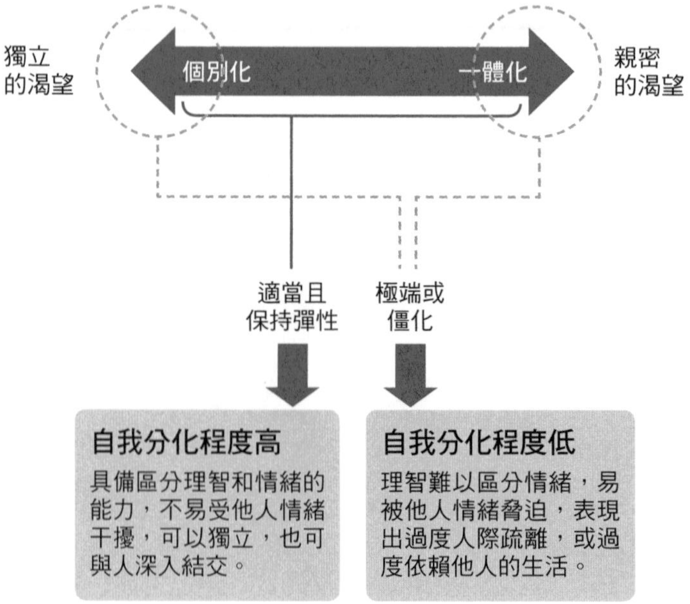
獨立
的渴望
個別化
一體化
親密
的渴望
適當且
保持彈性
極端或
僵化
自我分化程度高
具備區分理智和情緒的能力，不易受他人情緒干擾，可以獨立，也可與人深入結交。
自我分化程度低
理智難以區分情緒，易被他人情緒脅迫，表現出過度人際疏離，或過度依賴他人的生活。

自我分化程度如何影響配偶的選擇

自我分化程度如同一個人習慣的情緒界限，喜歡有距離或喜歡緊緊相依，因此若伴侶與自己情緒分野不同時，關係將難以維繫。

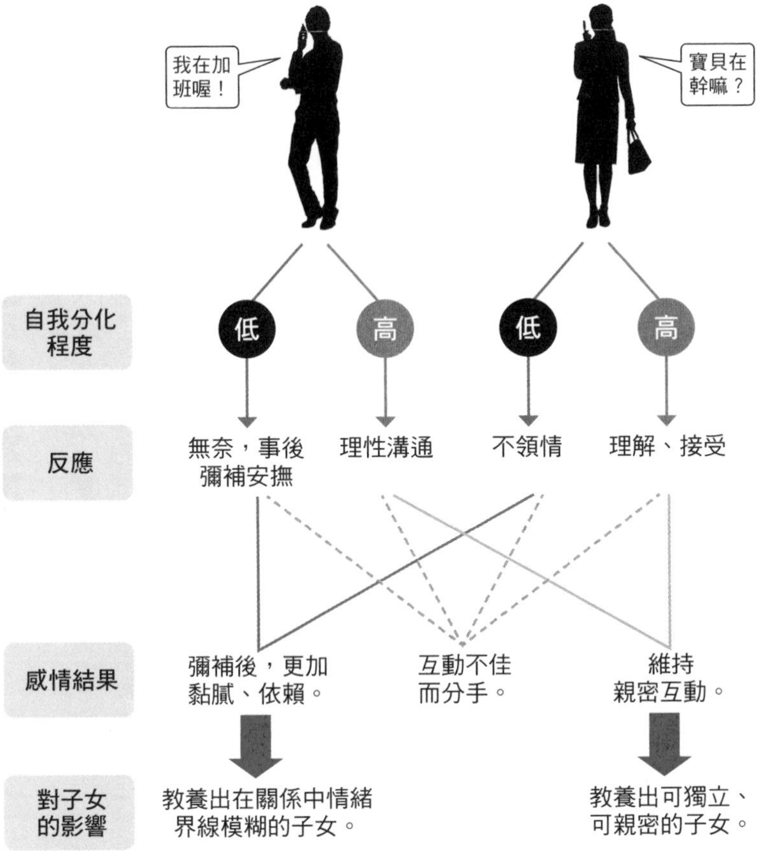
我在加班喔！
寶貝在幹嘛？
自我分化程度
低
高
低
高
反應
無奈，事後彌補安撫
理性溝通
不領情
理解、接受
感情結果
彌補後，更加黏膩、依賴。
互動不佳而分手。
維持親密互動。
對子女的影響
教養出在關係中情緒界線模糊的子女。
教養出可獨立、可親密的子女。

黏膩的互動，在壓力下也不過度疏離，兼具親密感和自主性。

自我分化程度會遺傳？

分化程度低的人對關係有強烈的渴望，需要許多愛的證明，而容易缺乏安全感，害怕失去對方。若遇上分化程度高的人，因無法接受對方以哭鬧等情緒勒索的方式維繫關係，便可能在無法溝通下，爭吵不休。但若遇上與自己同樣分化程度低者，就可能反而更重視這樣的情感勒索，願意改變自己、為對方付出更多，使情感更為緊密。

可想而知，父母如果都是自我分化程度低者，對子女的情緒影響便更深，使情緒如同遺傳，將同樣教育出自我分化程度低的孩子（除非孩子有機會接受情緒與家庭上的再教育）。此外，人往往會和分化程度類似的伴侶結婚，因而使家庭的自我分化情形代代相傳下去。

我們適合結婚嗎？

即使婚姻市場這大環境的現象，會影響我們對另一半的選擇，每對情侶要成為人生伴侶前，仍需面對差異磨合的考驗及未來角色的承擔，才能成就一段經得起考驗的婚姻。

婚姻市場的現象

社會環境、文化觀點等因素會使婚姻市場呈現不同的現象，進而影響人們選擇另一半時，有不同的傾向。例如以社會資源交換的觀點擇偶，人往往會從補強自己不足資源，爭取個人的最大利益；在父權文化之下，女性會傾向選擇社經地位比自己高的男性為對象，使得男性也會以高學歷及高收入來吸引女性，此稱「上嫁婚配」現象。

若是受到一胎化、男尊女卑（多生男孩）等社會因素影響，將使男女適婚人口比例不均等，此時假設男性比女性多的話，就會有較多的男性被排擠出婚姻市場，稱為「婚姻排擠」現象。

婚姻市場的現象

文化、政策以及社會趨勢會影響婚姻市場的供需，使個人在擇偶過程中出現諸多不同的考量。

例1	例2	例3
父權文化	社會資源交換的觀點	一胎化政策＋男尊女卑

影響

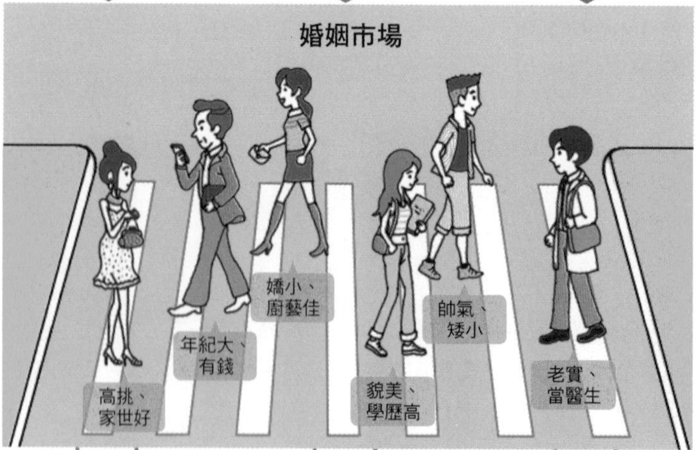
婚姻市場
高挑、家世好
年紀大、有錢
嬌小、廚藝佳
貌美、學歷高
帥氣、矮小
老實、當醫生

呈現

例1	例2	例3
● 女性希望男性條件比自己好。 ● 男性希望女性賢淑顧家、情緒好掌握。	男女都希望從對方身上補強資源，爭取個人最大利益。	男性適婚人口高於女性，多數的男性會在擇偶上失利。

進入婚姻必經的重要階段

「刺激一價值一角色」（SVR）理論的三階段，呈現親密關係由淺至深的對話與行動。兩人能透過深層的了解，成為彼此期待的伴侶。

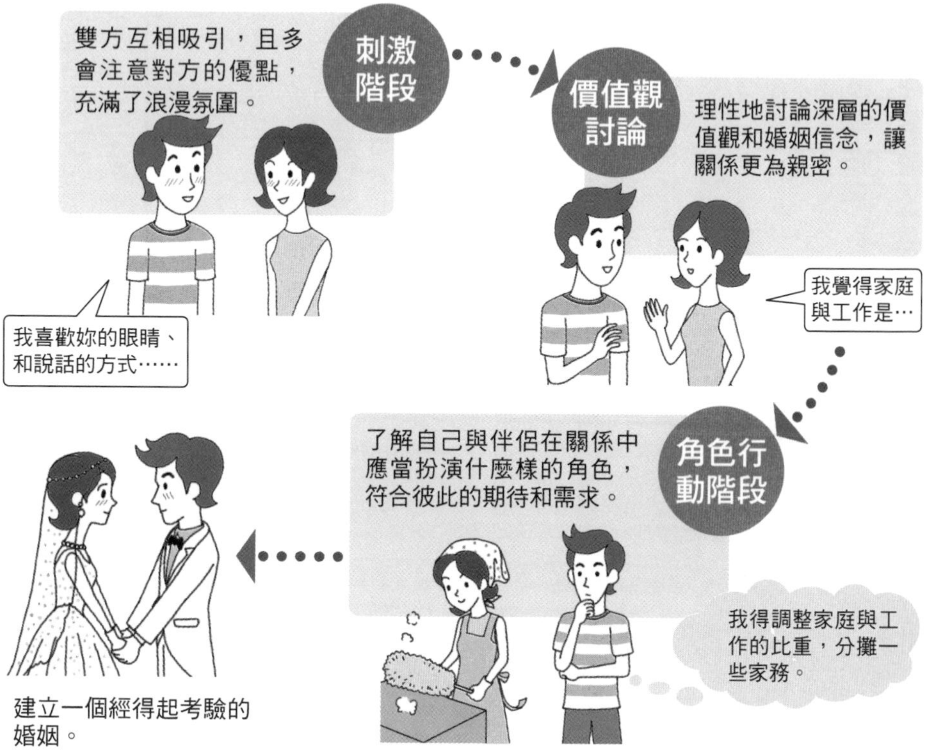
雙方互相吸引，且多會注意對方的優點，充滿了浪漫氛圍。
刺激階段
我喜歡妳的眼睛、和說話的方式……
價值觀討論
理性地討論深層的價值觀和婚姻信念，讓關係更為親密。
我覺得家庭與工作是…
角色行動階段
了解自己與伴侶在關係中應當扮演什麼樣的角色，符合彼此的期待和需求。
我得調整家庭與工作的比重，分攤一些家務。
建立一個經得起考驗的婚姻。

走入婚姻該有的態度

無論是自由戀愛、透過媒妁之言，或是網路交往等機會選擇配偶，在從戀愛走入婚姻的過程中，都會經歷由美國心學家默斯特（Bernard Murstein）所提出的「刺激」、「價值觀討論」、「角色行動」三階段的考驗，即「刺激—價值—角色」（SVR）理論。

兩人從初始觸電般的相互吸引，可能只是外在儀容、談吐或互動方式相互吸引。到理性、深入的討論彼此的價值觀、婚姻信念，才在交流之中確定對方是想要共築未來的對象，願意攜手走下去。最後，了解自己在伴侶關係中應該扮演的角色，像是做什麼樣的丈夫或太太，才能滿足彼此的需求，也滿足兩個家庭對於女婿和媳婦的要求，兩人才能以成熟的態度進入婚姻，建立穩固的婚姻關係。

幸福婚姻評量

我們的婚姻幸福嗎？

現實生活中的婚姻需要面對柴米油鹽各種瑣碎麻煩事，有時會疲勞不堪，有時得失去自由，但夫妻若能一同面對與學習，滿足伴侶的基本需求，就能對婚姻感到滿意，擁有幸福。

何謂婚姻滿意度

婚姻關係中的兩人彼此若能滿足對方的需求，就能提升彼此對婚姻的滿意度。國內著名心理學家張春興，透過馬斯洛（Abraham Maslow）的需求層次理論，發展出「婚姻五經論」的觀點，從個人最基本的生理、心理需求，到經濟、社會，甚至是人生觀等哲學上的五個面向，去了解自己或伴侶需要被滿足的需求有哪些，也檢視自己是否在伴侶身上獲得這些滿足，又或者自己是否有提供伴侶這些需求的滿足。

婚姻滿意度與婚姻階段

家庭的生命週期將影響婚姻的

婚姻中必須滿足的個人需求

張春興的婚姻五經論解釋了婚姻關係中需滿足的個人需求。當底層的需求滿足後，便渴望滿足上一層次的需求，完全滿足了，就能對婚姻感到滿意。

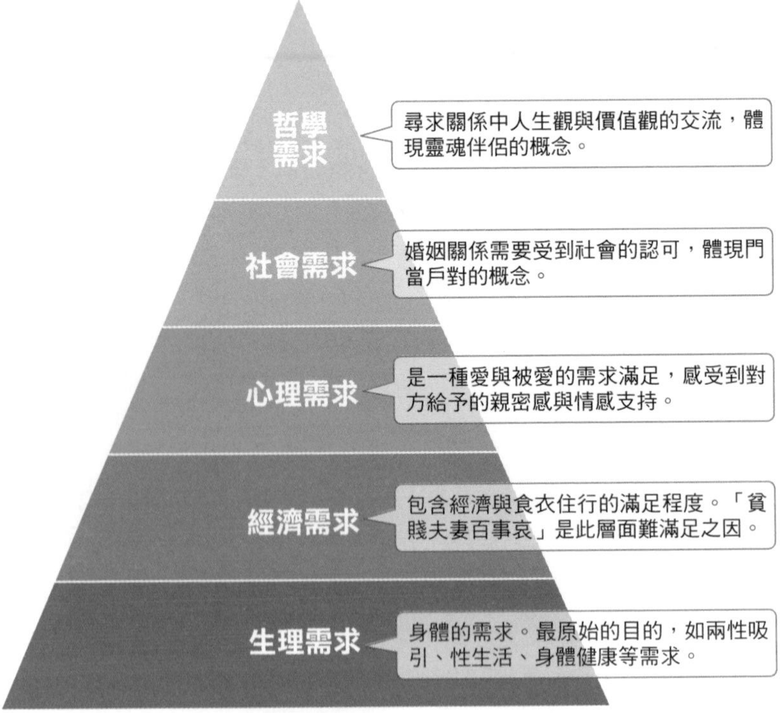
哲學需求
尋求關係中人生觀與價值觀的交流，體現靈魂伴侶的概念。
社會需求
婚姻關係需要受到社會的認可，體現門當戶對的概念。
心理需求
是一種愛與被愛的需求滿足，感受到對方給予的親密感與情感支持。
經濟需求
包含經濟與食衣住行的滿足程度。「貧賤夫妻百事哀」是此層面難滿足之因。
生理需求
身體的需求。最原始的目的，如兩性吸引、性生活、身體健康等需求。

需求金字塔

結婚後，婚姻滿意度只會不斷減低嗎？

婚後面臨孩子出生與教養問題，中年後又得在子女紛紛離家後接收一屋子的冷清，已逐漸消磨的情感熱度，是否能再重新找回，考驗夫妻過往所建立的情感是否穩固。

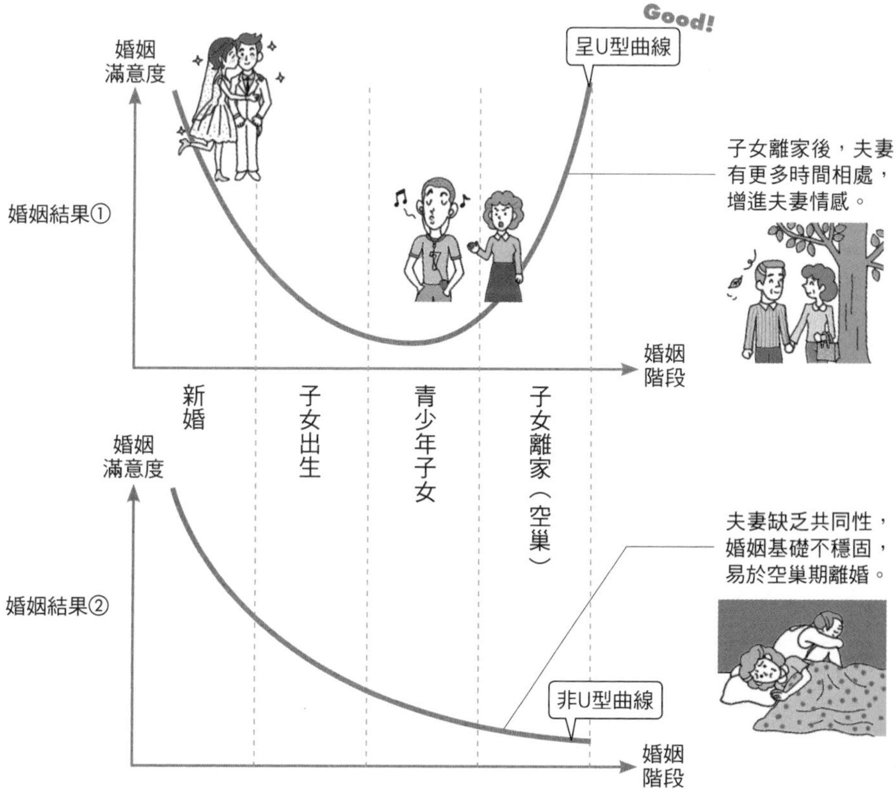
Good!
呈U型曲線
婚姻
滿意度
子女離家後，夫妻
有更多時間相處，
增進夫妻情感。
婚姻結果①
婚姻
階段
新婚
子女出生
青少年子女
子女離家（空巢）
婚姻
滿意度
夫妻缺乏共同性，
婚姻基礎不穩固，
易於空巢期離婚。
婚姻結果②
非U型曲線
婚姻
階段

滿意度。研究顯示，初期新婚時的滿意度最高，到了第一個孩子出生後，新手父母多半應接不暇而易發生爭執，婚姻滿意度也隨之降低。

待孩子發展至狂飆的青春期，教養與親子衝突，加上多數人可能在此時進入中年階段，職涯的瓶頸和身體功能上的改變與不適，將大幅影響婚姻的品質，使婚姻滿意度降至最低。當子女自立後分別離家，家庭進入空巢期時，婚姻滿意度則開始回升，一部分是父母卸下教養責任，另一部分則是夫妻有更多時間獨處。

然而，此中年階段，夫妻貌合神離的情形仍大有人在。因此瓦利恩特（Caroline Vaillant）與瓦利恩特（George Vaillant）提出另一種觀點：婚姻滿意度將隨著婚齡增加而下降。因為空巢期可能會讓婚姻關係基礎薄弱的夫妻發生婚姻危機，在子女離家而失去家庭連結時決定離婚。

夫妻溝通

你能聽見我的弦外之音嗎？

「溝通」是讓彼此更認識與了解的過程，以便達到某種共識。其中除了語言溝通外，表情、情緒、手勢等非語言表現也是能否有效溝通的重要因素，同樣影響了伴侶間親密互動的品質。

情緒溝通

當一個人對他人訴說自己的想法、嘗試溝通時，多半不是對方只專注於說出來的內容，而是更渴望內容背後的情緒和感受能被聽見。因此溝通是為了建立自己與對方情感上的連結，聽見對方的情緒，並在充分了解、體會之下，對對方有所回應。如此也才能讓彼此的對話延續下去。而情緒便在其中被安撫，使伴侶間能有相互支持的深刻情感。

三種常見的回應方式

美國心理學家高特曼（John Gottman）透過研究六十對夫妻的互動型態、以及婚姻後續發展時發

溝通的真實面貌

許多人在言語背後往往隱藏許多情緒，期待被聽見與被安撫，伴侶若能接受到這些訊息，將能幫助彼此建立深刻情感連結。

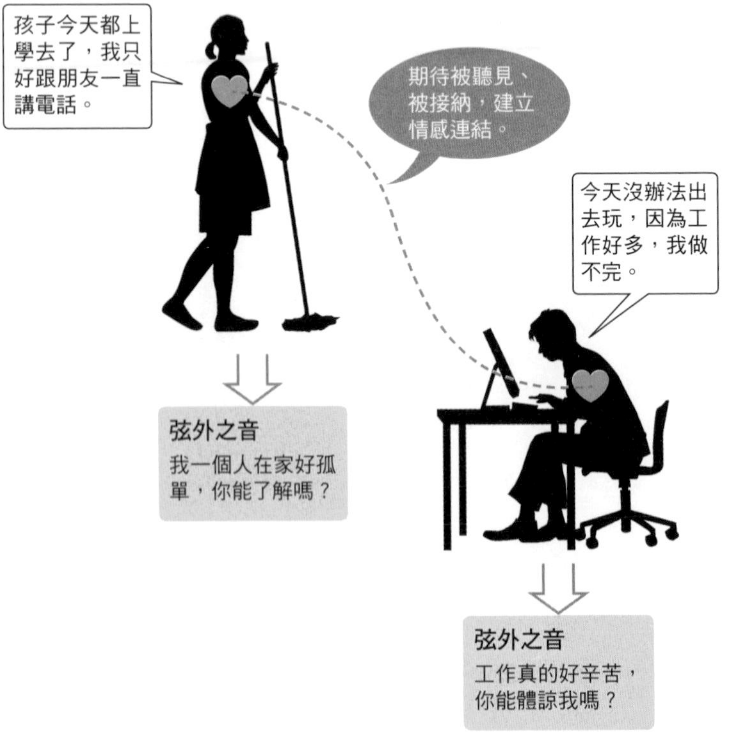
孩子今天都上學去了，我只好跟朋友一直講電話。
期待被聽見、被接納，建立情感連結。
今天沒辦法出去玩，因為工作好多，我做不完。
弦外之音
我一個人在家好孤單，你能了解嗎？
弦外之音
工作真的好辛苦，你能體諒我嗎？

溝通中的邀請與回應

伴侶每一次開啟話題都是一項邀請，回應的方式將決定彼此能否有效建立情緒連結。經常以負面回應對方，將對婚姻關係造成極大的傷害。

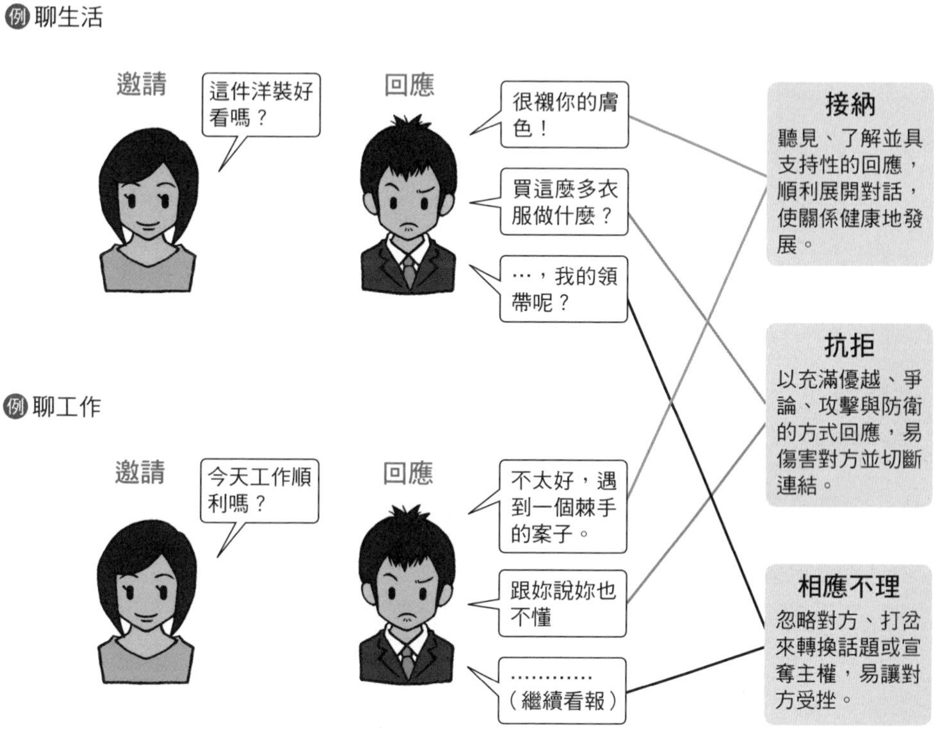
例 聊生活
邀請
這件洋裝好看嗎？
回應
很襯你的膚色！
買這麼多衣服做什麼？
…，我的領帶呢？
例 聊工作
邀請
今天工作順利嗎？
回應
不太好，遇到一個棘手的案子。
跟妳說妳也不懂
…………（繼續看報）
接納
聽見、了解並具支持性的回應，順利展開對話，使關係健康地發展。
抗拒
以充滿優越、爭論、攻擊與防衛的方式回應，易傷害對方並切斷連結。
相應不理
忽略對方、打岔來轉換話題或宣奪主權，易讓對方受挫。

現，夫妻間的溝通會透過「邀請」的形式建立情緒連結，邀請不只透過語言，也會透過肢體的形式，如動作、眼神和碰觸等方式傳達。

邀請的回應將決定兩人是否能繼續溝通，達成良好互動。採「接納」的回應方式，能讓對方感覺你聽到他的話，並感到興趣，是一種了解與支持的回應，能促成關係健康的發展。然而，若以「抗拒」或「相應不理」做回應，無論有意或無意，都將使對方感受到被拒絕或忽視，而產生負面效應，讓關係疏遠，甚至引發衝突。而且一旦邀請者感覺被忽視或拒絕，便容易感到灰心而放棄相同的溝通方式。若受到幾次同樣的回應後，甚至會放棄邀請，慢慢不去交談，放棄建立連結，而使婚姻關係惡化。

婚姻中的衝突與解決

我愛你，但為什麼我們吵不停？

婚姻難免發生衝突，若一味妥協，將無法有效溝通達成共識，只會延宕更大衝突的發生，試著正面回應與調解才能預防和緩和衝突，避免惡化問題。

衝突的本質

西方社會學學者德塞勒定義衝突為：「兩個以上的個人或團體間因不同的目標、利益、期望或是價值，而產生不同意見的結果。」在婚姻關係中，衝突往往凸顯了夫妻雙方的差異，因彼此的差異性與不理解而造成。常見的像是子女的教養、財務運用與家務分工等，問題多因為與彼此的原生家庭和教育背景不同，而有價值觀的歧異，因而產生衝突。

逃避不是解決問題的辦法

「你再討論我的工作我就跟你離婚！」當衝突發生時，這樣威脅性或否認問題存在的回應，或許能

夫妻間可能形成的衝突

衝突是彼此在表達不同的需求，伴侶不能一味忽視或要求對方與自己一致。

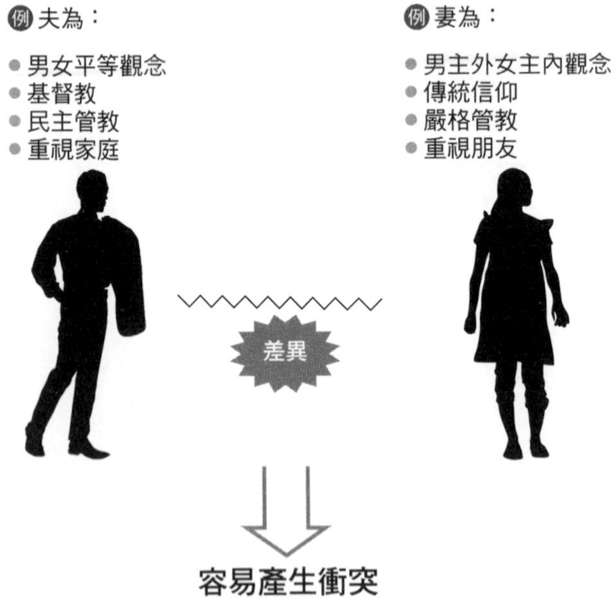
例 夫為：
男女平等觀念
基督教
民主管教
重視家庭
例 妻為：
男主外女主內觀念
傳統信仰
嚴格管教
重視朋友
差異
容易產生衝突

衝突因應之道

衝突發生時的回應，將決定夫妻是否能有效解決問題，同時也影響婚姻滿意度提升或下降。

婚姻滿意度高
當下先忍讓，冷靜情緒
他大概長年習慣這樣了，應該也改不了吧！
建立正面溝通管道
①我希望你將襪子內褲分開洗，這樣比較健康。
②我很不習慣這樣做。
③我了解，但為了大家的健康，我們可以怎麼做？
④不如分兩個籃子加標示牌如何？
逃避問題
不是叫你襪子跟內褲不要一起洗嗎？
很晚了趕快睡吧！
負向溝通
不是叫你襪子跟內褲不要一起洗嗎？
妳不會幫我分一下嗎？
防衛
婚姻滿意度低

以忽視或延後討論制止衝突繼續，但長期下來，那些未被解決的問題，會像衣服上的一處破洞，不去縫補便愈蹭愈大，終至無法收拾，破壞婚姻關係。

衝突當下如何應對

在衝突當下，為避免失控，忍讓是必需的，但在激烈情緒恢復時，仍須針對問題進行討論，否則同樣因忽視而使問題懸置，或者當其中一方一味地忍讓，另一方予取予求，仍會毒害關係的發展與延續性。心理學家高特曼（John Gottman）和克羅柯夫（Lowell Krokoff）鼓勵夫妻「直接面對衝突」。才能搭起溝通的橋樑，協調出解決問題的方法。

在衝突當下，正面地回應是相當重要的，不帶情緒字眼的問題描述、表示同意的語句、給予幽默及支持性的回答，是面對衝突關鍵的第一步。

有了外遇，是誰的錯？

婚姻有了外遇通常並非僅是夫妻單一方出現問題，因此應釐清婚姻問題的真面目，覺察並正視婚姻問題，夫妻兩人一同面對與調整，才能以堅不可摧的婚姻關係，防禦外遇的發生。

為什麼會發生婚外情？

對不一定有結果的愛情產生的浪漫遐想，或者徜徉在背叛與欺騙之間的罪惡感與刺激感中，是婚外情強烈的吸引力。但那些已擁有共築婚姻伴侶的人，為何渴望從外遇中尋找快樂與刺激感呢？

這是因為婚外情的背後大多隱藏著夫妻長期以來對婚姻生活壓力的無法排解、伴侶的不支持、夫妻間處理問題的技巧不足等問題。發生婚外情多半不只是個人內在的問題，也包含在夫妻兩人相處下共同構築的問題，才會造成關係緊張，彼此無法坦誠，而尋求壓力宣洩的出口、其他情感的慰藉。

外遇發展階段

Start **吸引期**：外遇者與外遇對象開始接觸、相處。

甜蜜期：兩人拋下道德束縛，享受浪漫情懷。

轉型期：外遇對象渴望更多承諾與心理地位。

維持期：
- 兩人交集頻繁，但來自社會與家庭的壓力也愈來愈大。
- 兩人關係逐漸出現權力與控制問題。

End **結束期**：
- 兩人難以在各方壓力下一同排除問題，而開始認真思考心裡的真實面。
- 僅少數能走入婚姻，多數走向終結。

外遇階段論

外遇發生就如愛情關係的發展，從兩人相互吸引↓找機會互動或相處↓快速進入激情而忘記社會束縛與道德感、對配偶的罪惡感。但外遇的發展從享受浪漫與隱密的情感，也會逐漸轉向期待承諾，希望關係由暗轉明，外遇對象渴望取代配偶的地位。

然而同時，來自家庭與社會的壓力也會與日俱增，影響生活與社交圈。因此即使外遇發展讓人無法自拔，有刺激感也有親密慰藉，但最後多是在面對現實、看見自己內在真實的情感與需求後走向終結。例如發現自己並非不愛配偶，只是一時壓力太大，以外遇做為宣洩壓力的出口，壓力消除後才驚覺自己因工作忽略家庭。這便是為何極少外遇會走入婚姻的原因。

外遇對家人心靈的影響

外遇對家庭的影響極為深遠，

導致外遇的可能因素

外遇絕非只是小三的問題，婚姻關係岌岌可危才是外遇導火線，但外遇的發展到後期時，僅有少數真能走入另一段婚姻中。

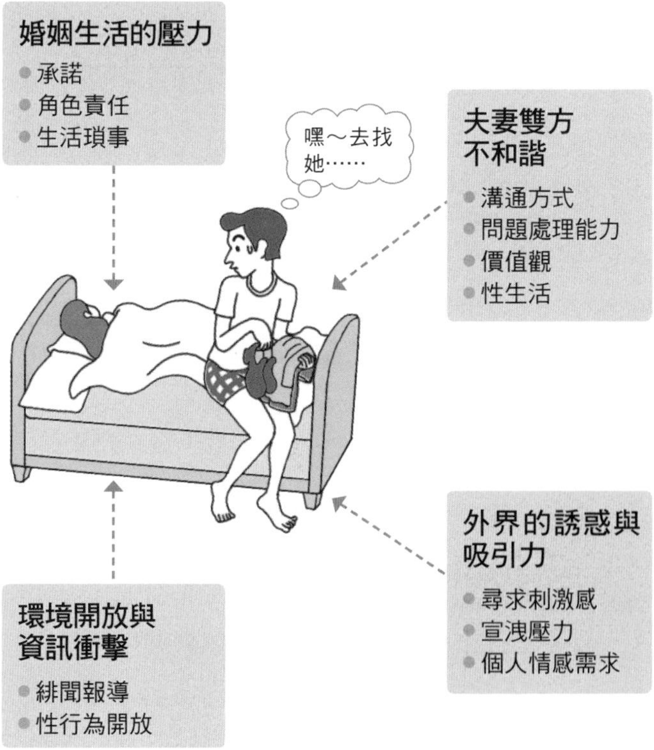
婚姻生活的壓力
承諾
角色責任
生活瑣事
嘿～去找她……
夫妻雙方不和諧
溝通方式
問題處理能力
價值觀
性生活
外界的誘惑與吸引力
尋求刺激感
宣洩壓力
個人情感需求
環境開放與資訊衝擊
緋聞報導
性行為開放

會給家庭成員對家的信念或價值帶來極大的衝擊，也無可避免引起夫妻兩人情緒上激烈的衝突，使婚姻關係陷入膠著，對後續關係的維持帶來挑戰。

其中當然以配偶的衝擊最大，外遇將使配偶對婚姻固有的信念受到挑戰，使信念破碎，更因此帶來了震驚、憂鬱以及強烈的失落感。甚至讓人感到自我懷疑，否定自我價值，對婚姻失去信心。有些人可能因此退縮，失去社交功能等。

此外，夫妻若育有子女，外遇帶來的爭吵，容易讓小孩夾在父母中間，對立的關係讓小孩內心感到撕裂。若外遇者選擇外遇對象，更讓小孩感到被拋棄，心中完整家庭的模樣已然破碎。年幼的子女可能因此出現退化反應，害怕長大，行為變得更為年幼，或者在人際相處上因為害怕別人發現父母離婚、或受他人嘲笑而產生退縮等行為，長大後更可能對婚姻感到恐懼或者出

外遇的預防之道

公開溝通

保持情感與思想的交流，感受彼此的情緒，相互理解與安撫。

面對衝突

發生衝突時，有建設性地共同找出問題所在，並解決。

覺察彼此需求

包括身心與社會上的需求。滿足彼此的需求或討論無法滿足的情形。

了解自己

面對、接受雙方的缺點，並調適自己的心理，別讓過去心結影響現在關係。

避免與異性單獨聚會

公私分明，對配偶坦誠對異性的情愫、或設定與異性往來的清楚界限，適可而止。

現自我認同上的問題等。

外遇後，怎麼重建幸福家庭？

外遇是夫妻關係共構的問題，並非僅是外遇者的問題，因此在外遇結束時，家庭需要為外遇者提供台階與回家的路。

此外，也必須與外遇者談論未來婚姻維持方式，讓這件事情「充分」被討論後便拋諸腦後，使它的發生不會成為後續爭執或傷人的工具。不過要留意的是，談論的前提是此家庭仍希望共同運作下去，因此被外遇的一方也必須思考揭發外遇的方式，讓外遇者不致因過度爭執與羞辱而不再返回家庭，如抓姦在床或上了法庭，將讓婚姻裂痕因此難以修復。

外遇要如何預防

外遇無可避免造成婚姻與家庭關係的裂痕，家人間失去原有的信任感，也影響子女的發展，唯有透過夫妻共同努力敞開自我與雙向溝通，才能避免外遇的發生。

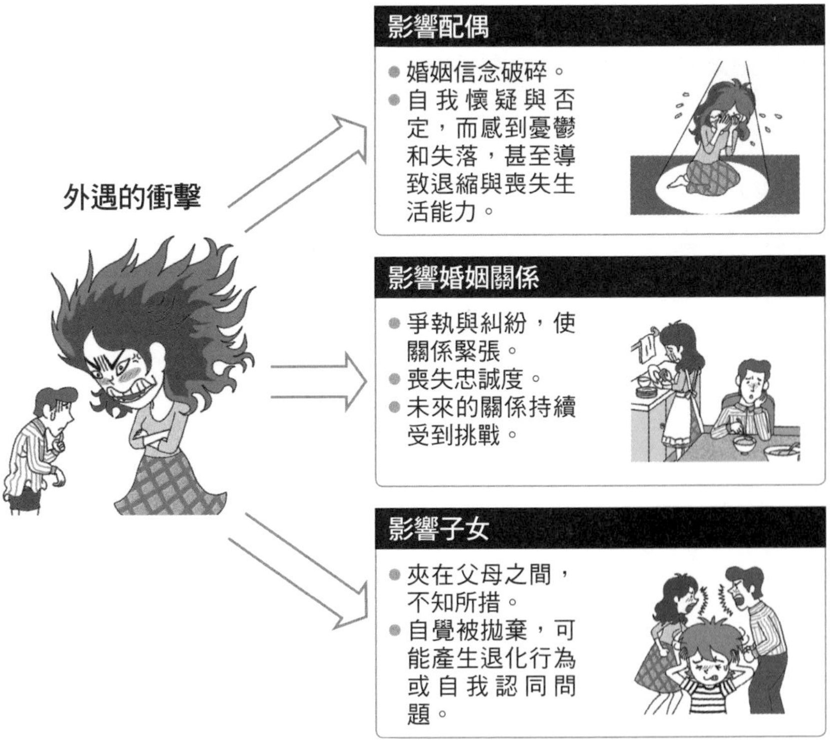
外遇的衝擊
影響配偶
● 婚姻信念破碎。
● 自我懷疑與否定，而感到憂鬱和失落，甚至導致退縮與喪失生活能力。
影響婚姻關係
● 爭執與糾紛，使關係緊張。
● 喪失忠誠度。
● 未來的關係持續受到挑戰。
影響子女
● 夾在父母之間，不知所措。
● 自覺被拋棄，可能產生退化行為或自我認同問題。

為什麼會離婚？

婚姻失敗，走上離婚一途，不僅衝擊著夫妻的生活與心靈，更形成子女心中難以撫平的傷口。因此婚姻問題不容小覷，該如何學習共處，避免成為怨偶，是夫妻重要的婚姻課題。

離婚的原因

研究顯示，導致離婚的因素依序是：外遇、婚姻情感消失、個人情緒問題、經濟財務問題、以及性生活失調；而同時也有學者主張是個性不合、難以溝通。究竟哪個才是主因固然難以認定，但若深入探究這些原因，都可能導引出雙方溝通與互動的問題、經濟財務上有一方承擔過多期待和壓力、在婚姻中缺乏支持性、及失調的性生活除了個人生理狀況外，也關係著心理上的感受等。而且通常會走上離婚一途，往往不只是單一因素所造成，因此每一項原因都值得深思和檢視。

②生活模式的轉變

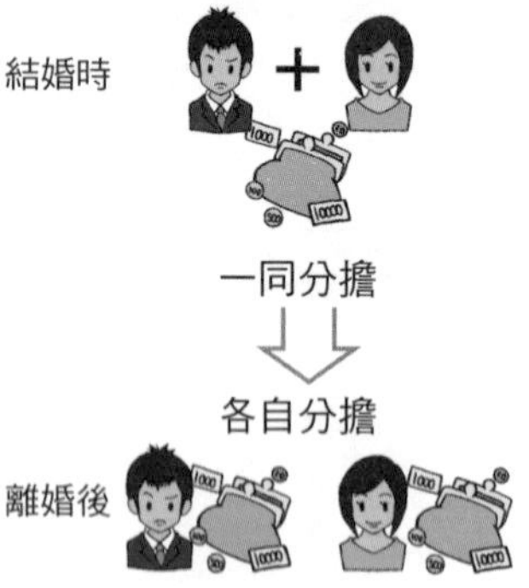

- 可能斷了經濟來源，而需兼職養活家庭。
- 需忙於工作而減少與兒女相處的時間。
- 必須身兼父職或母職。

③角色轉換的心理困境

婚姻狀態：已婚 ⇒ 離婚

X先生（小孩的爸爸）	X太太（小孩的媽媽）
⇓	⇓
X先生（小孩的爸爸）	Y小姐（小孩的媽媽）

- 失去自我價值。
- 對婚姻不再信任。
- 失落、退縮。

離婚的衝擊

離婚不僅對大人而言，會面臨到角色轉換而需要調適、以及經濟承擔的問題、社交網絡萎縮的生活轉變等衝擊。對子女來說，更是除了被迫與父母分離的悲傷無助外，這樣的分離陰影也將影響他們往後的人生發展。在沃勒斯坦（Judith Wallerstein）與路易絲（Julia Lewis）的研究中就發現，他們會比擁有完整家庭的兒童，在獲得愛情、性的親密感、婚姻的承諾以及為人父母上，更加困難。

INFO 離婚的衝擊僅次於配偶死亡

根據調查，離婚於「社會再適應量表」上的衝擊程度為七十三，僅次於「配偶死亡」（衝擊程度為一百），顯見離婚對個人生活的影響極大，離婚也會出現類似配偶死亡的失落反應，難以接受當下失婚的身分，也會對自我價值和關係經營的能力感到質疑，需要時間加以調適。

離婚為家庭帶來的衝擊

離婚除了在物質生活層面有影響，也擴及自己的社交圈、心理層面、角色轉換，更影響孩子對未來親密關係的發展。

● 對子女的衝擊

→被迫與家人分離

- 孩子易產生罪惡感、感到失落、行為退化。
- 使孩子對愛情、性的親密感、婚姻的承諾、以及為人父母的角色產生負面影響。

●對大人的衝擊

→①社交網絡減少

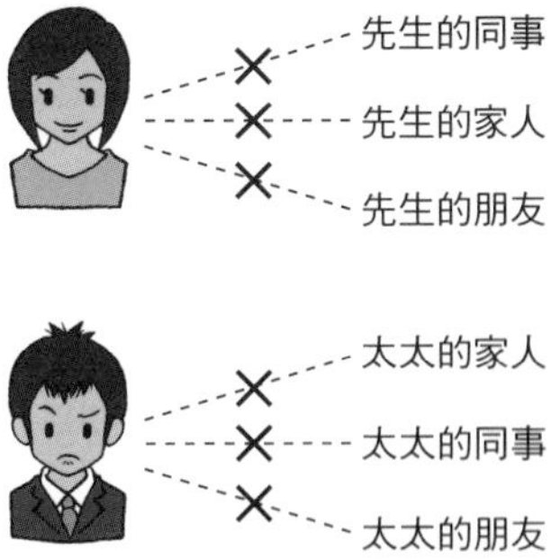
先生的同事
先生的家人
先生的朋友
太太的家人
太太的同事
太太的朋友

- 可說話的人變少。
- 先生（或太太）的家人、朋友、同事可能會從朋友變成敵人。
- 共同朋友見面尷尬。

惡性循環的婚姻溝通

夫妻分別來自於兩個不同的家庭，接受不同的教養文化，甚至不同的教育水平，自然而然在個人的價值觀與婚姻的理念上存在差異性。而差異性往往帶來吸引力，因為欣賞對方跟自己不一樣的特質而墜入愛河，但差異性卻也是衝突的起源。當關係從初始的蜜月階段褪色，開始顯露真實的情境時，便需要務實地看待差異性對關係的影響。問題是，當其中一人開始想要「扭轉」或「矯正」另一個人，另一個人憑什麼要被矯正呢？

就好比A女對A男總是能邏輯分析、理性且客觀評論的模樣吸引，覺得他渾身散發成功男士的迷人風采，而A男也的確在事業上頗有成就。然而在相處一段時日後，A女發現A男也會以理性的態度面對生活與情感，如情人節時認為「這是商人們想出來的花招，別落入資本主義的圈套中了」，而覺得沒必要挑在情人節去吃情人套餐。A女開始看見A男並不感性、無法讓自己感受到浪漫，開始出現爭執與衝突。若A女執拗地希望改變對方，將無可避免地帶給關係壓力，在關係中出現「你追我跑」的情形，甚至造成關係的結束。

案・例・故・事

志明與櫻妹兩人已年過半百，結婚數十年，孩子也都成年離家上大學，是一對空巢期夫妻。他們在同一家公司上班時結識，進而結婚生子，生活與收入皆相當穩定。然而志明一直有個留學夢，對現況無法滿足，希望能到國外再拿個博士學位，因此在四十歲時，離開安穩的工作，前往國外進修。櫻妹無法接受志明的決定，一來將相隔兩地，二來經濟的重擔將由櫻妹來承擔，但志明心意已決，並允諾櫻妹回來後會更努力工作，讓她可以早日退休。

四年後志明學成歸國，櫻妹以為自己咬牙苦撐的日子終於可以結束，卻沒想到志明在國外求學，也耗盡心力來取得學位，兩人心中的苦都無法被彼此理解，志明回國後閒賦在家，並未積極尋找工作或創業，櫻妹以為自己的苦日子得以解脫了，卻沒想到是另一深淵。

櫻妹對志明有高度期許，希望他積極努力，希望他管理好自己，認為正常人都應該這樣；志明也希望櫻妹能像女人一樣柔情似水，不是一天到晚責備他或在兒女面前數落或譏諷他。但櫻妹認為以志明的「德性」，她又怎能不責備？志明覺得自己永遠達不成櫻妹的要求，爭吵到最後他沈默了，而櫻妹也哭著說：「你就是這樣，永遠無法解決問題…」

在這段你追我跑的婚姻關係中，可以看見兩人對彼此的期許，以及兩人的失望與挫折。雙方在生活哲學上有很大的落差，先生渴望悠閒自在，太太渴望積極進取，認為男性「應該」要達成符合「父權文化」的成就標準，渴望丈夫成為人中之龍，更深層的渴望則是希望被照顧被呵護。但在一次次的失望當中，太太變得憤怒，更加約束且抱怨先生的行徑，先生則難以負荷太太的要求，轉而忽略與置之不理。

先生不斷地逃避問題，或者以防衛、漠視（參見P87）的方式面對太太的指責，這些負向的溝通行為，不停在此關係中環繞，形成惡行循環，一方更批評指責，一方更逃避忽視，但問題卻始終沒有被正視。

假設此案例的衝突點在於，「太太希望先生積極努力工作」，該如何有建設性地解決衝突呢（參見P87）？首先必須「有效溝通自己的立場」，讓先生明白妳的要求是什麼？怎麼樣的情況才是自己認為的積極努力？此目標是否能達成或被量化？有沒有初步的階段性任務可以看到先生達成的程度？太太須先看清楚這些問題，傳達給先生時，最好能以分享感受的方式，降低對方的防衛。

接著是「傾聽並理解對方」。先生的困難是什麼？他是否有足夠的資源？是否擁有足夠的支持性？又是否有足夠的能力去完成？以開放、不評價的方式傾聽對方，唯有彼此理解，溝通的橋樑才真正建立。

衝突的解決，並非完成單一方的期許，它應該是雙贏的局面，若先生開始一步步完成太太渴望的階段性目標，則太太也需提供先生所需的協助與支持，若標準過高，經過協商後，太太也需能讓步降低自己的標準。只有在詢問彼此能為對方做些什麼，讓彼此感到滿意，雙方的關係才能維持下去，否則衝突持續的惡化，將只能預言婚姻終結的到來。

Chapter
5

家庭是生命有機體

源自不同家庭的兩個人結婚後，共組的家庭是個有機體，會自行運作、成長與發展，與外界交流。家庭隨著歲月的增長，會歷經新生命誕生、夫妻磨合、享受兒孫天倫、年老安寧等過程，家人在過程中互動著，漸次形成獨特的家庭氣氛、家規等，是影響每一個孩子成長的最重要場域，而身為家長的自己更是影響家中氛圍的主要因素。

學·習·重·點

- ✔ 我的家庭會歷經哪些考驗呢？
- ✔ 我在家中扮演哪些角色？對家庭的影響是什麼？
- ✔ 家庭如何形塑孩子們的性格？
- ✔ 我的家庭幸福嗎？誰決定了家中的氣氛？

同一屋簷下，都是我親愛的家人

當今多元文化的社會，傳統家庭的型態與思維逐漸被顛覆，由新興家庭取而代之，不過家庭能否正常運作，需視成員間的各種互動而定，並非以組成成員來判斷。

「婚姻」組成一個家

家庭是由夫妻結婚而形成，除了夫妻兩人外也包含祖父母、以及子女。現今除了這類三代同堂的「傳統家庭」外，更普遍的是僅由父母與孩子同住所組成的「核心家庭」。而隨著離婚率的提升，現在僅由父或母其中一方，與小孩共組的「單親家庭」也相當多。

無論哪一種類型的家庭，一個完整的家提供了家中每一個人環境居住上的安全感、心靈上的歸屬，還有社會文化的洗禮與學習發展，對個人有著深切的影響。

我的家庭幸福嗎？

美國華盛頓大學教授司麥克史

家的概念　台大教授畢恆達對家的詮釋裡，家包含了住屋、家庭與家的概念。金錢可以買到住屋，但後續的心理、社會與文化上的意義則需透過人為的賦予，才能成就完整的家。

物理空間
居住環境，採光、通風等實質上看得到的物理環境，提供人安全與生存所需。
心理空間
家是個人心理的發展中心，在家庭中發展自我認同、人際界限等。
社會文化學習
個人也在家中接受文化的洗禮，並從這社會縮影中學習在社會結構下生活。

家庭功能評估APGAR量表

此量表中五個向度的評估，適用於有父或母，以及子女的家庭，來了解家庭功能健全程度。

家庭功能	評估內容
情感度 affection（A）	我滿意家人對我表達情感的方式，以及對我的情緒的反應。
合作度 partnership（P）	我滿意於家人和我討論事情及分擔問題的方式。
成長度 growth（G）	我滿意當我希望從事新活動，或是有新的發展方向時，家人能接受並給予支持。
適應度 adaptation（A）	我滿意當我遇到困難時，可以求助於家人。
融洽度 resolve（R）	我滿意家人與我共處的方式。

評分方式　經常→2分　有時→1分　幾乎沒有→0分

結果說明

7～10分：
表示家庭功能無障礙。 ▶ 父母已提供適切照顧與支持。

4～6分：
表示中度家庭功能障礙。 ▶ 存在忽略、虐待兒童、家暴的可能性。

0～3分：
表示有重度家庭功能不足。 ▶ 易導致兒童行為偏差。

汀（Gabriel Smilkstein）提出家庭功能評估APGAR量表，透過五個向度來評估一個家庭的功能是否健全。經調查發現，現代家庭中各項功能都有逐漸下降趨勢，在融洽度方面最為明顯，家人間的疏離使親密度下降，當出現外來刺激時，便容易造成家庭分崩離析。

此外，脆弱的家庭也更容易陷入虐待兒童（包括肢體凌虐或精神忽略）、家庭暴力、甚至自殺的風險中，而教養出具有偏差行為的孩童。

INFO 「同志家庭」逐漸被世人看見

受多元文化潮流影響，以及同志族群的鼓吹，同志家庭逐漸浮上枱面，西方開始出現同志家庭收養小孩的風氣，台灣社會也在努力中。這樣的社會變遷，也提醒我們要以開放平等的眼光看待各種不同的家庭，而非歧視與指責。

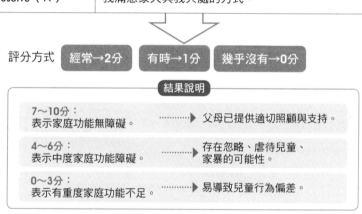

一個家庭會歷經哪些考驗呢？

家庭會成長會衰退，會發展會停滯，就像個人一樣會隨著生命的延展帶出不同發展課題。夫妻在家庭發展中需承擔較多責任，並扮演不同功能角色，決定了家庭發展的成敗。

家庭發展需達成各階段任務

家庭生命週期的概念源自發展學理論，如同個人在不同人生階段都有不同的問題需面對、解決一樣，一個家庭建立之後，同樣會隨著時間發展進入不同階段，各階段均有待解決的問題、以及需跨越的重要里程碑，稱為「家庭發展任務」。

但家庭並非個人，至少是由夫妻二人組成，但除了夫妻外，還關連著上一代和下一代、以及不同親代間的互動。其中，夫、妻的角色最為根本，在不同家庭發展階段裡，雙方都各自扮演著關鍵的角色功能。家庭是否能發展良好，順利通過各階段的發展任務，端視每個

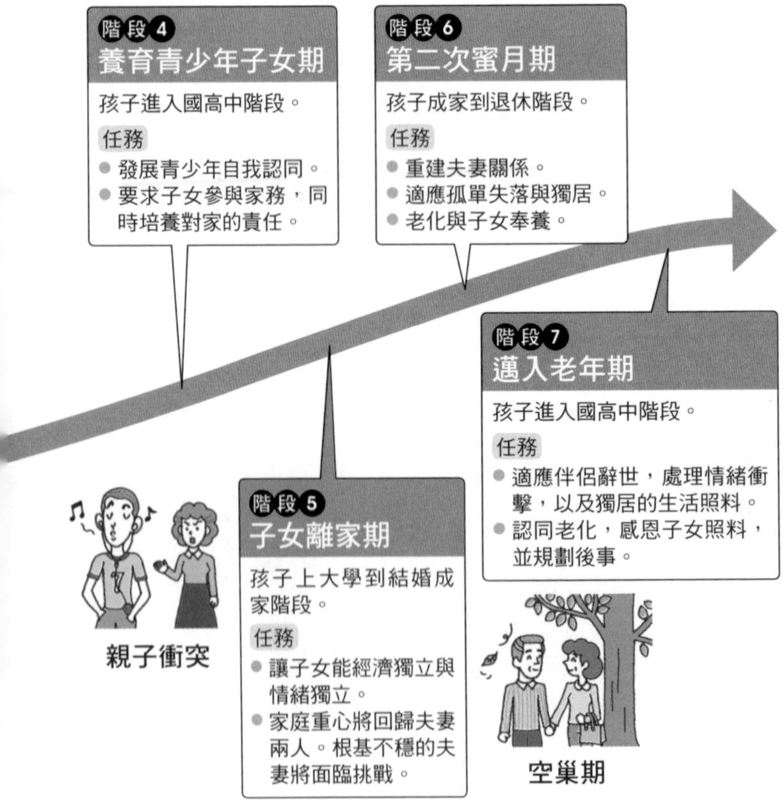

階段4
養育青少年子女期
孩子進入國高中階段。
任務
● 發展青少年自我認同。
● 要求子女參與家務，同時培養對家的責任。
階段5
子女離家期
孩子上大學到結婚成家階段。
任務
● 讓子女能經濟獨立與情緒獨立。
● 家庭重心將回歸夫妻兩人。根基不穩的夫妻將面臨挑戰。
階段6
第二次蜜月期
孩子成家到退休階段。
任務
● 重建夫妻關係。
● 適應孤單失落與獨居。
● 老化與子女奉養。
階段7
邁入老年期
孩子進入國高中階段。
任務
● 適應伴侶辭世，處理情緒衝擊，以及獨居的生活照料。
● 認同老化，感恩子女照料，並規劃後事。
親子衝突
空巢期

成員能否各司其職，盡力負起自己在各階段的責任。

為下一階段做好準備

然而，一個家庭的發展遠比個人更為複雜，過程中無可避免會出現各種情況的干擾，例如夫婦新婚後的婆媳磨合問題；孫子出生後，祖父母過度涉入孫子的教養等，這些都會使家庭氛圍變差、降低成員的凝聚力。

由於家庭各階段的發展是連續不斷向前的，每一階段的發展狀況都會影響下一階段是否有好的起點、或者發展得更為艱辛，如婆媳問題導致夫妻關係惡化，使逐漸進入青少年的孩子對家庭疏離；或進入青春期的孩子仗著爺奶溺愛，而學不會為自己負責。只有每一階段的任務都盡可能完成了，家庭才能發展得順利又長久。

家庭發展各階段的任務

以「核心家庭」為主來看，台灣心理學家謝秀芬與王以仁提到家庭生命週期與家庭發展任務，各階段家庭皆須做到該盡的職責，否則容易造成家庭某部分功能的喪失。

階段1 新婚期

約結婚後到第一個小孩出生。

任務
- 扮演好夫妻角色。
- 協調責任分配，經濟與家務的分工。
- 解決居住問題。

階段2 養育學齡前子女期

嬰兒出生到進入小學。

任務
- 扮演好父母角色。
- 新生命介入，家庭氛圍改變，夫妻互動也需調整。
- 家庭規則建立。

階段3 養育學齡兒童期

孩子進入小學到國中之前。

任務
- 幫助孩子適應學校環境。
- 了解孩子的學習情形與人際發展。

家庭次系統

在家中，我扮演哪些角色？

每個人在家族系統中會扮演許多角色，一位女性可能同時是原生家庭的女兒、姊妹，和新生家庭中的人妻、人母，這些角色在不同的家庭發展階段中，都有必須學習的課題及責任需承擔。

幸福的前提——家中角色各司其職

如果說家庭是一個完整的系統，那麼家中各成員間的關係如夫妻、親子關係等，就是「次系統」。正常、健康的家庭系統，必須建立在次系統運作良好，並且發揮他們應有的功能，反之便容易使家庭關係出現危機，也容易使成員無法順利與他人建立關係。

夫妻的角色功能是家庭的關鍵，做為父母，必須負擔起家庭經濟、養育孩子，還需教育孩子具備良好、獨立的品格、輔導他們進入社會。做為子女的手足關係是一種既友愛又競爭的關係，若父母過度涉入，就會破壞子女正常的互動。

例 夫妻互相照顧，撫慰辛勞。

例 丈夫酗酒，干擾夫妻生活。

例 母親關心孩子課業。

例 孩子取代父親，成為母親訴苦的情緒配偶。

至於子女對父母的關係則是孝敬，並且學會照顧自己，讓父母放心。

家庭中倘若父母失去功能轉由長子女來教養幼子女，會使長子女承受超乎他們能力的角色，忽略自己的需求以滿足父母的期待，出現「親職化子女」的現象，如此長成的孩子在往後的成人關係中往往難以對人有依賴感。

家中成員的界限要怎麼拿捏

雖然每個人都是獨立的個體，但又必須與他人適度交流，拿捏得恰恰好，才能讓自己擁有安全又自在的身體和心理空間。家庭的成員如果個個人我界限分明、都很獨立，缺乏對彼此的情緒連結和關照，就容易出現手足疏離、親子代溝的情形，難以了解彼此；相反的，若人我界限鬆散，成員間隨意入侵個人的生活，破壞每個人都應有的個體獨立性，不僅彼此間容易產生情緒糾結，也會使個人與外界建立關係的能力變差。

幸福家庭應達成的任務

家庭中的各個次系統應各司其職的運作著，才能健全家庭功能，使家庭健康發展。

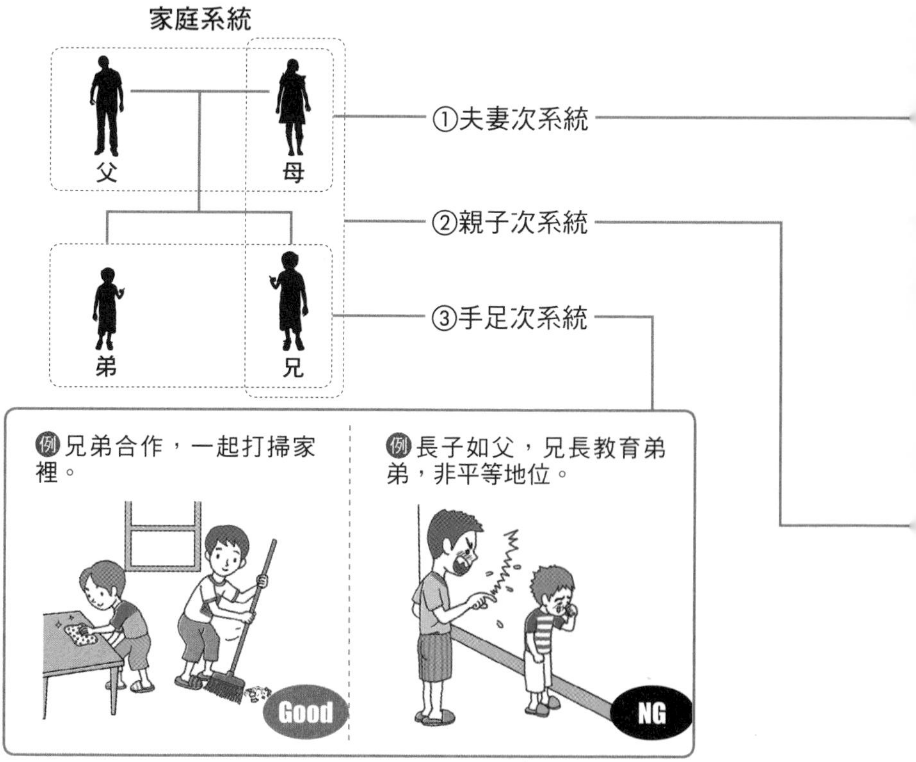
家庭系統
父
母
弟
兄
①夫妻次系統
②親子次系統
③手足次系統
例 兄弟合作，一起打掃家裡。
Good
例 長子如父，兄長教育弟弟，非平等地位。
NG

家庭星座

孩子們的性格會受排行嗎？

明明是同一屋簷下的孩子，性格怎麼都不一樣？同一家庭中的子女因出生順序不同，成長過程中受父母關愛和教養方式也不盡相同，使每個孩子在不同的感受下發展出了不同的性格。

從家庭星座看家人間的親疏

奧地利的心理學家阿德勒（Alfred Adler）認為家庭就如同小型社會一般，人在社會裡期待他人認同、與他人競爭，漸形成人際互動間的親近疏離，而家中出生的每個小孩也會透過競爭等方式獲得關注與重要性。

他以星座比喻一個家庭，每個家庭都宛如一個獨特的星座。星座中的每一顆星就是家中的成員，其中有明亮、有暗淡，有的離主星較遠、有的較近呈現出有的較受寵愛、有的易被忽略，有些成員間較為親密、有些較疏離。當家庭誕生了新成員，便會造成「物換星移」，孩子也會因為自己座落的位

排行影響與家人的親疏關係

畫出家庭星座圖就會發現，出生的順序除了影響自己在家庭星座中的位置，其中呈現心理的親疏感，將影響個人人格特質的發展。

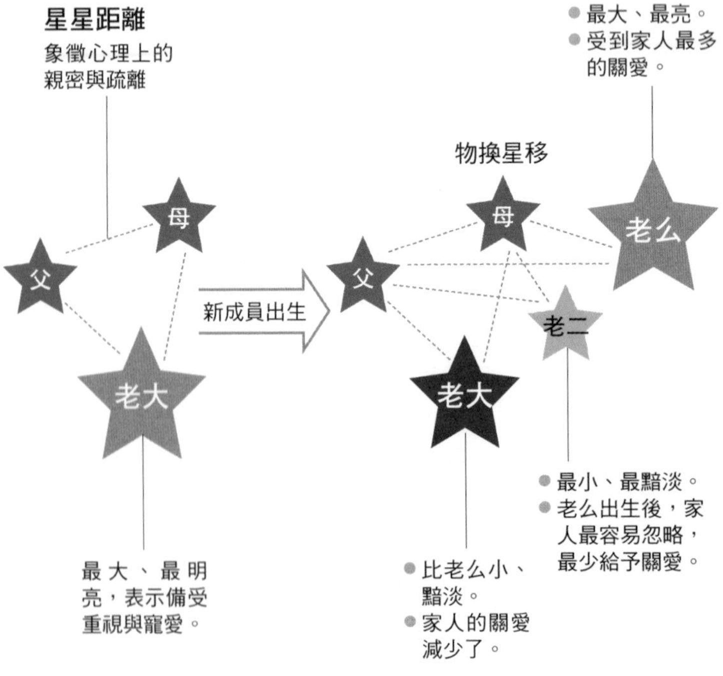
星星距離
象徵心理上的親密與疏離
父
母
老大
新成員出生
物換星移
父
母
老么
老二
老大
● 最大、最亮。
● 受到家人最多的關愛。
最大、最明亮，表示備受重視與寵愛。
● 比老么小、黯淡。
● 家人的關愛減少了。
● 最小、最黯淡。
● 老么出生後，家人最容易忽略，最少給予關愛。

出生序與人格表現

出生序的不同會影響父母對待孩子的態度，以及孩子在家中與其他兄弟姊妹互動的情形，進而影響個人人格的表現。

老大
先受寵，後被取代。努力保持領先，被期待具領導與負責特質。
獨子
擅與成人相處而不擅與同伴互動，有的無助脆弱，有的則早熟世故。
老么
受寵、任性、叛逆、獨樹一格。
老二
像競賽選手，喜歡爭取他人注意。
中間小孩
易被忽略、調解手足衝突、難表達真實自我

置形成不同的人格特質。

排行對人格特質的影響

阿德勒根據早期的出生序來描述父母不同程度的關愛，會造成家中孩子不同的性格。例如因父母往往期待老大可以禮讓與領導弟妹，因此責任感易成為他們的強烈特質；排行中間的小孩，夾在老大和弟妹間爭寵，有時他們無法真實表達自我，也可能具有許多面向，性格上容易搖擺不定。

此外，父母的態度也會關係到手足間的互動方式，塑造出不同的生活型態，影響成人後與他人建立人際關係的能力。例如中間的孩子最不容易分到父母的注意力，有時夾在老大與老么的爭吵中，還必須扮演和事佬；父母則對老么的管教相對放鬆，往往較少限制，較多包容，因此性格較難以約束。

家庭規則

家規對孩子的影響

家庭中的規則會深刻地影響孩童的發展、以及與人溝通的方式。父母應該留意家庭規則訂定的意義為何，自己是否會被過去原生家庭的規則所影響，無形中帶給成員不必要的壓力。

健康家庭應有的家規

在嬰孩呱呱落地時，家庭中已經有著許多的既定規範，而新的規範也會在他們的成長過程逐慢地建立出來。家庭規則的形成往往加入了父母的價值觀和期許，父母也常常以「你應該…」、或「你不應該…」來表達，深深左右著孩子的心靈成長。心理學家薩提爾（Virginia Satir）與鮑溫（Michele Baldwin）提到，家庭中最重要的規則會深烙在孩子心裡，塑造孩子的性格與表達能力，影響力不容小覷。

健康的家庭應該是有著彈性、且人性化的家庭規則，不僅不會大小規定林立，而且會正面、具體且符合能力的陳述，例如「可以吵

家庭規則的內涵

訂定家規是希望引導孩子發展良好的性格和溝通方式，家規若訂定得適當、有彈性，便有助孩子正向發展。

家庭規則

掌控個體化

塑造或發展兒童獨特、且良好的個性，形成孩子自動化的反應模式。

掌控訊息分享

塑造人與人之間交談的禮貌與秩序，以及表達、分享訊息的方式。

對人要有禮貌
要信守承諾
大人說話時不可插嘴
不可以頂撞父母

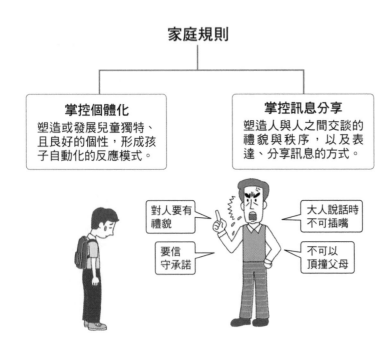

架，但事後就要和好」、「無法在門禁時間回家前，要記得先報備」等。一旦規則訂出，成員們就應該確實且持續地遵守，而不會完全不予理會或一再失信，若是如此，則家規需要被重新檢視。

家中有「毒性教條」嗎？

心理學家米勒（Alice miller）認為，當家長灌輸給孩子的是錯誤、未經證實的知識和觀念，就是「毒性教條」。孩子年幼時不得不在生理和心理上依賴父母，可能會對這些教條奉行不二，而影響孩子人格的發展，導致成年後 易產生人際問題。

例如若是把「孩子不能惹大人生氣」當做金科玉律，可能會使孩子在成長過程、乃至長大後，以成為完美的人為目標，努力討好周遭的人，而常把別人的情緒歸咎到自己身上、無法接納自己的不完美等，最後失去與人互動的自信。

「家中常見的毒性教條」

上一代傳授的觀念可能讓家長在下一代的教養中，繼續複製，因此覺察到管教中是否有這些教條的存在，將能幫助孩子自信成長。

毒性教條 1
孩子需要大人的照顧，所以大人是他們的主人
影響 ➡ 限制孩子自我發展，過度依賴父母或他人。

毒性教條 2
大人像上帝，可以決定是非對錯
影響 ➡ 強迫他人順從，也會為討好人而扭曲是非。

毒性教條 3
孩子要為大人的憤怒負責
影響 ➡ 完美主義，無法接受不完美的情形，易為他人的情緒自責。

毒性教條 4
父母犯錯可以免受懲罰
影響 ➡ 未來容易成為雙重標準的父母。

家庭氣氛

我的家，晴時多雲偶陣雨？

若用氣候型態描述你的家庭，那會是什麼？晴朗舒適、還是籠罩低氣壓？一個家庭的天候晴朗與否，主要由父母來主導，父母的價值觀與互動模式則是影響家庭氣氛的重要因素。

家人間的互動形成家庭氣氛

家庭氣氛是一種存在家庭成員間的互動氛圍，綜合了家中的親子關係、父母教養模式、孩子們的互動情形等，所凝聚而成的氣氛，是個人也是外人對一個家庭的整體感受。

父母是家庭氣氛的核心人物，主導了家庭氛圍。父母對家庭價值的定位，包括教育的要求、宗教的選擇、金錢的運用、休閒活動的選擇等，形塑了該家庭的生活風格，而呈現出不同的家庭氛圍。例如有的家庭給人感覺是學業至上、有的家庭是工作至上，有的強調積極進取、有的是恬靜休閒…等。

此外，父母的人際互動模式，包括家人之間、以及與他人間的互動、面對問題如何溝通協商與處理衝突等，都是孩子最早仿效學習的基模。

哪些因素會影響家庭氣氛？

心理學家丹頓（Rhonda Denton）與肯普費（Charlene Kampfe）指出，家庭氣氛會受到最基本的家庭組成型態，如離婚、分居、未婚媽媽或父母一方去世等不同的家庭組成影響。

再者，家庭成員間的互動情形也是影響家庭氣氛的主要因素，包括家中成員可否對家庭決策提供意見並參與其中、父母的溝通技巧與誠意、孩子是否在溝通中感受到被接納與了解，及父母教養模式，如權威、民主或寵溺，也展現不同親子互動狀態。

此外，家庭成員間的觀念若有差異，就容易存在衝突與誤解，但誤解後是否能有效溝通，受父母觀念影響最深。若父母秉持「不可忤逆父母」，則孩子的聲音會被壓抑，會覺得父母不值得信賴，也不被父母了解，往後更不願表達自我；若父母「傾聽孩子心聲」，孩子便願意在衝突中如實表達心中的想法，而有機會化解親子間的矛盾，家庭氣氛將截然不同。

是什麼影響家庭氣氛？

孩子對家庭氣氛相當敏感，父母既然是氣氛的主導者，那麼，夫妻關係中情感的表達、以及價值觀的表現，都需謹言慎行才好。

家庭價值

父母共同認同的價值，包括教育、宗教、人生哲學、休閒活動、金錢觀等。

家庭人際關係

父母互動的方式，包括肢體展現、衝突的處理、言語的表達以及關係的緊密或疏離等。

主導

家庭氣氛

影響因素①
家庭成員的組成

例 父母皆在的家庭。父母都能給予孩子關愛。

氣氛佳

例 單親或離婚家庭，母親避談到父親話題，讓孩子承受壓力，家中烏雲密布。

氣氛差

影響因素②
家庭成員間的互動

例 在家中能表達自己的想法。家人間能分享與討論，使關係互動緊密。

我覺得可以……
氣氛佳

例 家人間拒絕溝通，無法分享或表達想法，關係互動較為疏遠。

為什麼你們都不聽我的意見……
氣氛差

影響因素③
家庭成員間觀念差異

例 代間想法差異小。

等你長大些，就可以染頭髮。
耶！希望趕快長大。
氣氛佳

例 代間想法差異大。家人愈無法理解，易產生代溝或衝突。

不可以染頭髮。
現在這樣才流行阿。
氣氛差

Column

孩子們都離家去了，該如何面對

孩子的誕生，為家庭帶來許多改變，也為個人的心靈帶來諸多滿足。生養孩子是一種創造的過程，帶來為人父母的成就感，卻也讓人容易以為孩子是自己的資產。教育、照顧孩子是新手父母應學習的課題，然而對孩子的成長放手，卻是中年父母的難題。有人說，「不管活到幾歲，在父母心中仍是個孩子」。這句話寫實地道盡為人父母者放不下孩子，即使孩子成家立業，仍想要干涉、決定孩子的生活。

案・例・故・事

小敏，十八歲剛進入大學，從台中離家到新竹讀書，大一生活充滿著新鮮與樂趣，結交新朋友、加入社團和系隊活動，一個月後，也開始感受到課業的壓力，生活完全被大學事務排得相當緊湊。

某天晚上，在小敏接完母親打來的電話後，心情開始低落，並感到沈重的壓力。母親抱怨她忙於大學的生活，不再按時打電話回家報平安，也覺得小敏不重視家人，即使小敏跟母親解釋，母親仍難以接受和理解，要求小敏每週回家，並每個晚上都能通上電話，母女關係開始緊張，逐漸演變成衝突。

小敏的父親忙於工作，並非天天在家中，而小敏是家中唯一的孩子，因此自小便與母親親近，母親也對她照顧周到。一直到上高中，母親都還天天為她準備便當與晚餐，也習慣性地為她整理房間與衣物。小敏離家後，母親的生活多出了許多時間，頓時難以適應，想要透過每天聯繫的方式彌補親密感的不足。

母親雖然有工作，但下班的時間仍不知如何打發，獨自面對空盪盪的房子，內心十分難受，只能與小敏或丈夫偶爾通上電話，來讓自己稍微感到被關心。然而小敏的離家，因為不再需要天天為小敏做事，功能頓失的感受，讓母親感到無力。

小敏很無奈，也不停告訴母親可以多參加媽媽教室，或是社區大學的課程，充實閒暇的生活。

小敏的家庭正處在「子女準備離家」的階段，因為家庭成員少，母親很快就感受到卸下職責的失落。這股失落感也伴隨著無價值感，使母親奮力地想抓緊小敏，無法樂見小敏獨立並擁有多采多姿的大學生活。母親要求小敏回家，不外乎希望母女連結可以持續緊密，同時希望自己仍擁有身為母親的價值，在煮飯與家事的提供過程中感覺被女兒需要，並極力爭取自己在女兒生活中的分量。

其實，每一位為人父母者，在兒女心中都有著無法被取代的地位，他們的存在價值，自在每一位兒女心中。過度宣示，將帶給兒女負擔，可能使兒女過度依賴父母而離不開家，也可能加速兒女渴望掙脫，離家愈來愈遠。

在孩子們離家後，父母必須能意識到自己的行為與心理需求，覺察出生活的改變對自己造成的影響，開始面對孩子離家的事實，才能適應家庭在此階段的改變。接著，重新規劃生活，設法讓多出來的時間過得充實，與伴侶開始討論退休後的生活安排，並且一步步進行與實踐。

對子女來說，在這個家庭階段中，最重要的是協助父母找到自己的生活重心。此外，很多人在此階段也因與父母在生活上的分離，而能更深入地探索生命的意義，了解自己應該怎麼過生活。

由此可知，子女長大後離家，是引動父母思考未來極重要的關鍵時期。當父母若能有所體悟，便能對子女的成長放手，讓子女自由發展、培養獨立生活與獨立思考的能力，並清楚這樣做才能避免孩子過度依賴父母，為生活負起責任。

在父母、子女均能妥善面對此一階段時，對子女的放手就不是放任與放縱，而是一種真正的信任。透過適當距離的關切與陪伴，子女有最佳支持力量，父母也能過得自在滿足，形成健康又互惠的親子關係。

Chapter 6

為人父母後的難題——親子關係

一個人走入婚姻後，隨著孩子出生而步入人生中為人父母的階段。在艾瑞克森的人生階段任務中，此階段需要完成「友愛親密」的任務。然而，但並不是每個人天生就懂得如何當父母，大多數人都在一面養育孩子的過程中，才一面學習如何與孩子相處。

自孩子出生後，家庭關係會有明顯的變化，身為主導家庭氣氛的父母，除了需不斷檢視、了解自己的心理狀態，以調適變化帶來的不安外，也應拿捏親子關係間的界限，親疏程度過猶不及，這些不僅關係著自己的心理能否在此階段獲得滿足、充實感，也會影響整個家庭的和諧與否、以及個別成員能否發展良好。

學·習·重·點

- ✔ 我們夫妻衝突應該如何排解，才不影響孩子？
- ✔ 我如何做好準備，面對剛出生的孩子？
- ✔ 我該怎麼拿捏我和孩子的互動？
- ✔ 我該怎麼面對青少年孩子的問題？
- ✔ 少了另一半，我該怎麼給孩子幸福的家？

家庭的
三角關係

孩子不是我的出氣筒

為人父母後，夫妻加上孩子所形成的三角關係，會形成微妙的情緒系統。情緒若能順暢交流，將有助緩衝家庭問題；但若不合理地將情緒丟出，便易導致家庭關係緊張。

家庭三角關係怎麼形成的？

在家庭系統中，當夫妻兩人的情緒壓力過大時，需透過第三個人做為情緒的出口，這使得情緒連結了夫、妻及孩子三者，形成「三角關係」。例如夫妻吵架時，太太找女兒訴苦抒解情緒，化解夫妻僵局。

夫妻問題不該讓孩子介入

三角關係的存在，巧妙地緩和夫妻間的情緒壓力，讓夫妻兩人在相處中稍微降低焦慮、增進穩定性。但相對地，加入孩子後的婚姻關係，很容易讓夫妻出現衝突時，將焦點轉移到兒女身上，而逃避應面對解決的癥結。夫妻間的問題長久累積下來，一旦到了空巢期，情緒系統中做為緩衝的兒女離家後、夫妻必須真實面對彼此間的衝突時，便會顯得無力招架。倘若最後無法度過此難關，就可能走上離婚一途。

若要維持夫妻的良好關係，夫妻問題就不應轉移到孩子身上，也不該讓孩子介入。有些父母會透過較勁的方式，爭取孩子對自己忠誠與依賴，在言談中貶低配偶的能力，甚至在衝突時要孩子選邊站等，不僅讓孩子變成大人的情緒出口，也會阻礙孩子自我分化的發展（參見P78），造成日後的偏差心理和偏差行為。

家庭外的三角關係

除了親子三角關係外，有時因為夫妻間情緒壓力過大，如太太不滿先生太忙碌無法陪她，或者覺得先生太優秀而難以平衡；先生可能工作壓力大又難以忍受太太的嘮叨，或者覺得太太很強勢而無法表達自己，但又不願造成家庭衝突，便可能藉由家庭以外的人，來平衡家中的情緒。

夫或妻可能透過同性、或異性知己抒解來自另一半的壓力，撫慰內在的孤寂感，形成家庭外的三角關係。但若第三者是異性，則會讓外遇風險提高，或易產生誤解，導致夫妻關係出現危機。

家庭中的三角關係

會讓孩子涉入夫妻衝突的父母親，自我分化的程度也是低的，所以會難以忍受衝突的焦慮，而把孩子牽扯進來，使得孩子的身心發展重蹈自己的覆轍。

父母的衝突處理

對孩子的影響

- 與父母關係良好，不特別護航，也不需要黏膩。
- 獨立自主，不受人際壓力影響判斷。

Vs.

- 與父或母關係黏膩，一起詆毀另一半，透過父或母對自己的需要，來增加存在感。
- 情緒易受外界影響，分不清自己與他人的情緒。

嬰兒氣質

照顧剛出生的孩子，我好心慌

每一個孩子都有與生俱來的特質，父母必須順應孩子的氣質，覺察修正自己的教養方式，找到適當的做法，才能讓孩子在先天特質與後天環境中和諧地成長。

為何照料孩子會有挫折感？

家中第一個孩子剛出生，夫妻開始學習當父母，但因對小嬰兒的照料沒有經驗，一旦安撫無效、小嬰孩仍哭鬧不休，便容易感到慌亂失措，甚至挫折。

其實，孩子一出生即具有「嬰兒氣質」，包括嬰兒的性格是偏內向或外向、轉換抑制與興奮的靈活性也不同，嬰兒的興趣、自制力和堅持性也有差異，面對新奇事物時會表現趨近、適應還是退縮，以及情緒的強度等，都與嬰兒先天的氣質有關，並非全因照顧者犯錯而起。

若能在照顧中，逐漸了解小孩的先天氣質與反應，就能冷靜面對、找出適合的應對做法，平復自己的慌亂。

如何找到適配的育兒模式

養育孩子的過程中，經常讓父母擔憂自己對孩子的反應適不適當、會不會造成孩子不良的心理發展。心理學家湯姆斯（Alexander Thomas）與卻斯（Stella Chess）提出父母養育孩子的「適配度模式」，因每個嬰兒的氣質不同，一視同仁的養育並不會因為公平而對孩子的發展有所助益。

父母須能辨識其中的差異性，提供適切教養環境，接受孩子與生俱來的樣貌，對於不同氣質的孩子能施予不同的教養模式。不過剛開始總需要不斷摸索與安撫孩子的情緒，小嬰兒不容易控制，但在耐心觀察孩子的活動週期，就能找到他們的規律性或者對什麼事物敏感。

適配教養最好在早期階段開始進行，以免不利的天生氣質和外在環境共構出對嬰兒不良的影響。例如：對於慢吞吞型的孩子，若照顧者表現高刺激行為，也就是較大的動作提醒、協助，或佐以玩偶對話的方式來吸引孩子注意，帶著耐心，給予清楚明確的指導，將能及早促進孩子探索與感知世界。然而多數父母因為不清楚孩子慢吞吞的氣質，而會急躁的要求、命令，甚至以責備的方式，認為孩子慢吞吞的行為似乎是故意的或笨拙的，而導致孩子對於外界的探索變得退縮。

嬰兒氣質如何影響父母的心情

湯姆斯與卻斯針對嬰兒氣質做分類、描述大多數嬰兒的特徵，以及父母在照顧這類氣質的嬰兒時常有的反應。

氣質類型①

易養型

為正向情緒特質。行為規律、適應性佳、對刺激反應中等。

氣質類型②

難養型

為負向情緒表現。規律性低、對刺激較退縮或反應強烈、適應性低。

氣質類型③

慢吞吞型

有時為負向情緒表現。適應時間長、活動量低，對刺激反應弱。

父母容易找到孩子的規律性。父母容易在養育中獲得信心。

不容易找到活動的規律性。父母需多次嘗試，受挫程度高。

孩子適應性低，在新環境會有較多不安。急躁的父母便難容忍。

如何運用適配度模式

適配度是指給予不同氣質特徵的孩子不同的教養模式，讓大人透過改變和調整孩子的教養環境，使孩子能順應氣質獲得最適的教養。

氣質特徵	例如	大人的因應方式
活動量高	睡前難以安定	可減少睡前刺激，以靜態活動為主。
規律性低	飲食不規律	確定飲食量足夠，不餓時不強迫進食。
適應性低	新環境難以入睡	可提供熟悉的玩具或被單。
刺激反應大／反應閾低	易被光線、聲音驚醒	注意環境光線與聲響，避免碰撞發生。

我為何會這樣教孩子？

父母教養模式裡的「控制」與「支持」程度，對孩子人格的塑造、社交能力與自信有著極大的影響，因此溝通出一致的教養方針，是夫妻兩人在孩子成長階段的重要任務之一。

我的教養方式從哪兒學來？

發展心理學家透過觀察父母與子女互動相處的情形，將父母的教養類型略分成「獨裁」、「民主」及「縱容」三種。通常教養方式承襲自大人的原生家庭，往往會複製自己父母的教養來教養孩子，但也有人在父母的教養中受傷而轉換截然不同的方式，或者透過教育與再學習的方式，改變自己養兒育女的觀念。

父母的教養會影響孩子的人格發展，為人父母需能覺察自己的管教模式，在權威性中找到平衡，才能教養出成熟且健康人格的子女。

教養模式與其影響

教養模式能展現父母對孩子的控制與支持的程度。父母覺察自己的做法並適度掌握這兩種力量，除了能促進孩子發展，也能擁有較親密的親子關係。

教養模式		對子女的影響
獨裁 父母嚴厲且具控制性。以父母為中心，孩子需嚴格遵守規定，不得反抗，也缺乏自主發展空間。		子女因服從而缺乏自我意識與自主性。易因過度被控制而出現偏差行為。
民主 視孩子為獨立個體，給予足夠空間發展，並適時給予協助，以討論方式糾正行為促進改變。		自主性與自我控制程度高，且較有自信。具備問題解決能力，情緒較為穩定。
縱容 以孩子為中心，過度寵溺並不加以管束，任孩子予取予求，未盡父母教養職責。		自私、要求或利用他人的性格。依賴、不成熟，但自信度較獨裁型小孩高。

影響我和孩子互動的主要因素

父母的教育與經濟條件固然會影響孩子的成長環境，但父母了解孩子與否、以及如何拿捏關係界限，也同樣影響親子互動品質。

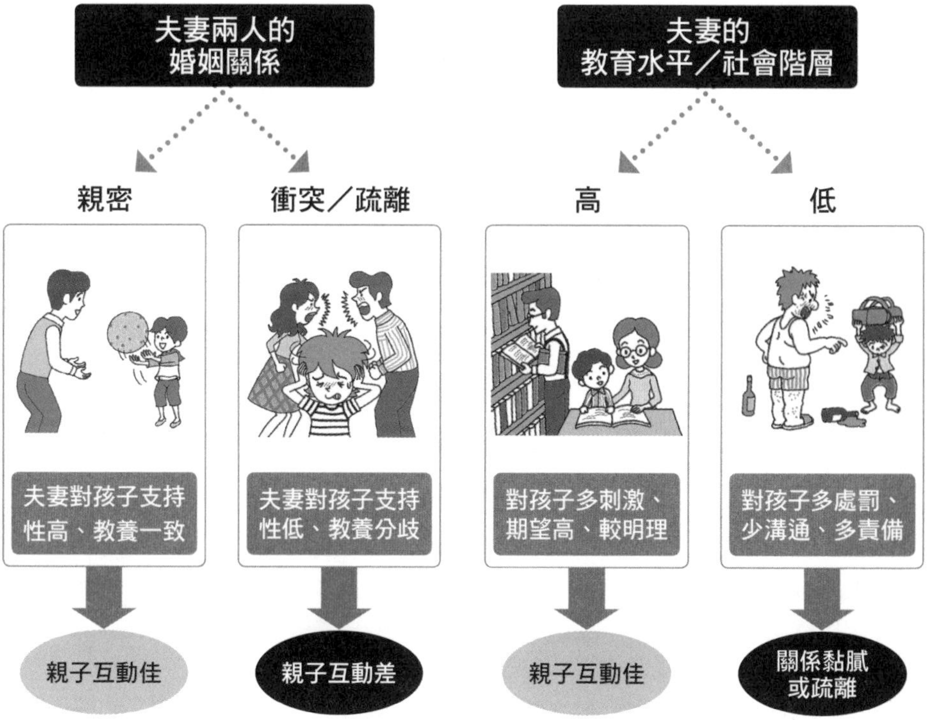

如何改善我和孩子的互動？

夫妻兩人來自不同的教養背景，也可能屬不同的社會階層或教育程度，但若夫妻彼此間有足夠的親密感，即使對子女的教養方式不同，仍能透過討論、溝通，消弭衝突與分歧的意見，使得教養方針和策略達成一致。

父母教育孩子的方式與教育程度高低並不必然相關。教育程度高的父母，多能在多方充實教養知識下，給孩子較多的刺激、並明理地溝通，卻可能在無形中要求孩子符合自己的高標準；教育程度低的父母，可能難以跳脫傳統的教育模式，而對孩子有較多的處罰、或要求服從。但不論是哪一階層的父母，都需要時時覺察自己的教育動機、和做法，一旦意識到偏差時，就應該修正教養的方式，給予孩子應有的發展空間，才能提升親子的互動品質。

我是孩子行為偏差的原因？

兒童出現偏差行為往往最令大人頭痛，對於該行為不斷出現，約束與打罵僅能取得暫時性行為停止。若能深層了解孩子的心理動機與目的，將能以更適當管教的方法來協助他們。

為何孩子會產生偏差行為？

當孩子透過「正常」行為無法達成自己的目的時，就會以「偏差」行為來滿足自己的需求。而這些偏差行為往往是經歷長時間的挫折所造成的。例如：孩子興高采烈地想與母親分享學校發生的事情時，母親卻忙於其他事情，隨意將孩子打發走。初次感受到被拒絕，或許會再度嘗試，當再度被拒絕時，即認知到無法藉此獲得母親的注意。

接著，孩子可能會採取其他肢體語言來表達自己的不滿，如擾亂母親做事，故意弄破杯子、大罵三字經等，讓母親不得不注意到他，而達到他的目的。然而母親若對此行為不以為意，行為將變本加厲，可能轉為霸凌同學、自暴自棄、自傷、退縮等。

如何面對孩子的偏差行為？

偏差行為對孩子的人格成長有負面的影響，需能及早發現，以避免此行為和動機持續固化成人格的一部分。在「矯正」孩子的行為時，父母須耐心且平靜地面對和處理。但這往往是最困難的，因為孩子的行為往往輕易地激怒大人，使大人未真正了解造成偏差行為的原因，便一逕地責備孩子，造成反效果。例如父母的責備與憤怒關閉了溝通管道，讓孩子無法說出內心真正的想法。比較好的做法是，父母先反觀自己為何會有憤怒的反應，了解孩子激怒自己的動機，從改變自己的態度做起，能保有耐性，孩子的行為才有機會在被大人理解的過程中，慢慢調整過來。

不體罰，我該怎麼教孩子？

在台灣少子化的現象下，許多父母將孩子視為珍寶，即使孩子犯錯仍不加約束、甚至幫忙善後，最終導致孩子不斷試探父母的底限，認為父母根本無法管他們，讓他們的權力不斷坐大，而發生無法控制的偏差行為等現象。因此父母必須對孩子的犯錯行為敏銳才行，並適當處理，如禁足或剝奪他們享受喜歡的物品（如電動玩具），讓他們深刻體會自己行為的後果，才不會累積出更強烈的違規行為。

孩子以偏差行為表達什麼？

心理學家德瑞克斯（Rudolf Dreikurs）提出四種「錯誤目的論」，來描述孩子偏差行為背後的動機與錯誤的推論，因為這些孩子認為必須透過這樣的行為表現，才能達到他們渴望的目的。

目的1 想引起注意

例 以喜歡炫耀、挑撥離間、扮小丑等令人討厭的舉動；或以過度害羞、退縮、放縱、暴飲暴食、過度偏食等懶散的行徑，引起他人注意。

我零用錢好多
都用不完

目的2 想表現無能

例 以過於懈怠、拙劣、難以親近和理解等讓人失望的行為，表現對自我的放棄。

我就是這麼笨
都學不會阿！

目的3 報復他人

例 以偷竊、傷害他人等粗暴、兇惡的行為；或以過度鬱悶、被動消極、輕蔑等極端態度，報復他人。

不要擋路，
滾開！

目的4 尋求自己的權力

例 以爭論、反駁、說謊等反抗的行為；或以過分懶散、健忘、不服等頑固行為，尋求權力。

你到底算老幾阿，為
什麼我要聽妳的話！

改正孩子的行為偏差

為什麼小孩怎麼講都講不聽？偏差行為的管教向來令父母與師長感到困擾，透過一系列表達的方式與指令，以同理來幫助孩子達到目的，也同時去除他們的不良行為。

先別急著糾正

對於孩子出現偏差行為，大人往往會按耐不住的立即糾正，或責罵孩子，但孩子有時無法理解父母，因為他們感到困惑，不懂自己的行為為什麼不對。往往孩子的語彙是有限的，他們會透過肢體語言與行動，或者遊戲的方式來表達自己，大人必須能理解孩子在行為中的脈絡、感受、盼望和想法，來更貼近孩子。

因此在兒童的遊戲治療中，「同理」可說是矯正行為的第一步。當大人無法理解孩子的內心世界時，儘管約束他們，也只會使距離愈拉愈遠。

大人的情緒修正

孩子出現偏差行為，大人的慣性是立刻阻止、責罵或糾正，但不一定能降低行為出現的頻率。可透過控制自己的情緒來明確說出規範，幫助孩子了解行為的不當。

當孩子出現偏差行為時……

大人常見的回應

結果

孩子不知所措，也不知如何宣洩憤怒，親子距離增加。

大人可以這麼做

Step1 控制自己的情緒……

- 覺察　感覺到自己正在生氣。
- 面對　了解為何會這麼生氣。
- 處理　思考情緒怎麼表達比較好。

Step2 向孩子溫和堅定的說出規則……

深呼吸控制情緒，並堅定立場，溫和的回應，如「你這樣會…你可以…」。

Step3 建立一致性的規範……

給孩子規範，且每一次都徹底執行。

偏差行為的回應與設限

遊戲治療中的「設限」步驟，可以幫助孩子知道自己行為哪裡不對，並為不良行為找到替代方案，讓孩子知道未來相同情形發生時，他們可以怎麼做。

Step 1 同理

指認出孩子的感受與意圖，理解孩子，才能貼近孩子內在。

為什麼小寶這麼生氣？

Step 2 說出限制

明確告知行為不適當，如同設立防線，讓孩子認知到物品的功能與行為危險性。

積木不是拿來丟的。

Step 3 提供替代方案

以「你可以」的句型說出，增加孩子的被接納與被懂得，也引導他們以正確方式宣洩情緒。

你可以丟枕頭（或小娃娃）。

大人也需要調整情緒

同理之後，接著再透過「說出限制」及「提供替代方案」兩步驟來達成「設限」，以幫助孩子體認到行為的不適切，同時知道該怎麼正當宣洩情緒，引導孩子建立正確行為。

設限目的在於保護兒童的身心，增加他們的安全感，讓他們知道這是可預期，並且知覺到它的存在，同時也幫助他們發展做決定的能力以及增強責任感。

為了能貼近孩子的內心，幫助孩子改正行為，大人也必須不斷練習情緒的管理，穩定自己的情緒。溫和而堅定地說出規則，讓孩子的行為規範具有一致性，否則孩子將無所適從，甚至可能因挫敗而全盤推翻父母的規則，導致孩子更難管束。

青少年期的親子關係①

我該怎麼和狂飆期孩子互動

青少年時期，同儕歸屬的重要性遠超過家庭歸屬，這往往是許多家庭衝突的來源。父母可試著認識其身心變化以及價值觀，適度給予提醒，以緩和、增進與青少年子女間的關係。

我的孩子正青春

青少年的身體和心理正處在快速變化的階段，其壓力來源包括，青春期的生理變化，早熟的男孩因身形高壯而較有優勢，早熟的女孩卻因胸部發育而易被騷擾。他們開始對性探索與好奇，卻因為知識的缺乏而可能有不正確的接觸，或對自己的性徵充滿焦慮。而社會價值對「美與帥」的定義，也強烈影響他們的穿著與飲食，易追求瘦身或盲目跟從流行來獲得同儕肯定。

研究指出，青少年的情緒變化強度與頻率都比成人來得高，這使他們容易受到情境因素影響，敏感而暴躁。一方面他們對自己困惑，一方面他們又夾在選擇同儕與聽從

青少年的生、心理變化　青少年身體成長快速，心理卻尚未成熟，自我與價值觀都在逐漸形塑的階段，因此更容易受外在環境的影響，情緒起伏較為劇烈。

少年／女維特（薇特）的煩惱

●社會價值和同儕壓力的影響

長胸部都被男生嘲笑
模特兒都好瘦、好美，我應該更瘦一點。

●情緒變化的強度與頻率高

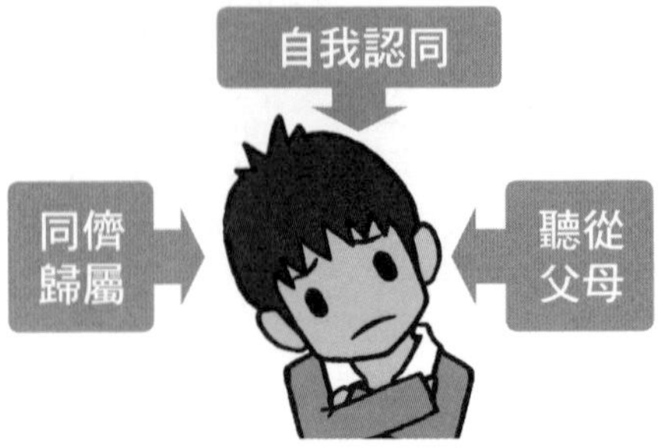
自我認同
同儕歸屬
聽從父母

青少年狂飆期的親子互動

子女在此期間的改變，主要希望獲得同儕認同，或者發展自我認同的過程，家長須能理解孩子的感受與需求，避免嚴重的衝突，影響後續親子關係。

子女的改變		需要被理解的感受
外在裝扮 例 穿耳洞、刺青、頭髮剪成刺蝟頭、裙子愈穿愈短等裝扮。	怎麼耳朵上這麼多洞？ 流行阿！	跟隨時下或同儕的流行趨勢，來獲得同儕肯定。
交友情形 例 開始晚歸、愈來愈密集出遊等情形。	這幾天怎麼這麼晚？ 我們一群人去王子家玩Wii阿！	與朋友出遊是被團體肯定的榮耀。
金錢使用 例 把錢花在外表或朋友聚會上。	不是上週才給你一千去唱歌？ 上次是小明生日，這次是大華生日阿！	重視朋友相處，透過禮物相贈或與朋友聚會來獲得朋友的肯定。
隱私 例 鎖房門、用密碼鎖住電腦等情形。	你們能不能先敲門再進我房間阿！ 怎麼了？之前不都直接進來嗎？	需要個人空間，來展現自己是獨立個體，有自主權與隱私權。

父母的抉擇之間，還有必須面臨的升學壓力，都使他們情緒彷若風暴一般。

不能管，我該怎麼辦？

此時孩子不希望父母干涉，但總放不下心，讓父母感到掙扎且擔憂。父母可試著理解與包容，並且開放性溝通，例如青少年子女最常見的改變是，時下流行或同儕流行的外在裝扮、希望有自己的獨立空間、開始晚歸或密集地與同學出遊等，可先聽聽孩子的說法，再傳達父母的擔憂與關心，讓孩子感受到父母關愛，而不是認為父母只會責備或禁止。有時青少年的衝撞與反抗權威，是渴望自主權的表現，父母的壓制將帶來更強烈衝突，或使孩子對自我認同更為挫敗。父母也應該理解青少年此階段的性探索是正常現象，但需要教育他們正確的性觀念，以避免孩子鑄下大錯。

青少年期的親子關係②

我好擔心孩子沈迷網路

當孩子誕生在資訊爆炸的年代，網路如影隨形，父母需了解網路成癮的原因和現象，不斷然干涉或阻止孩子使用，以免讓網路成為親子間的藩籬。

青少年為何依賴網路甚至成癮

青少年投注大量時間在網路上，可能因為遊戲的成果帶給他們成就，或樹立自己在社群中的威望與形象，這些回饋強化他們的行為，也更難脫離網路。

少了網路，讓人焦慮

即使在3G上網與平版電腦尚未流行的年代，已開始有「網路成癮」一詞，人們花大量的時間在網路上，可能專注於連線遊戲、社群網站、購物交易、色情網站等，造成了家庭、課業、人際的困擾。

近年「低頭族」過度使用網路的現象，也可以「成癮」的現象來說明。低頭族每到一個地方即打卡（在社群平台上標註自己的位置）、傳送照片，或者努力在APP（手機和平板電腦上的應用程式）的遊戲中過關斬將，網路帶給人與社群的強烈連結性，失去網路似乎也失去團體的歸屬、共通的話題，而讓人感到焦慮。

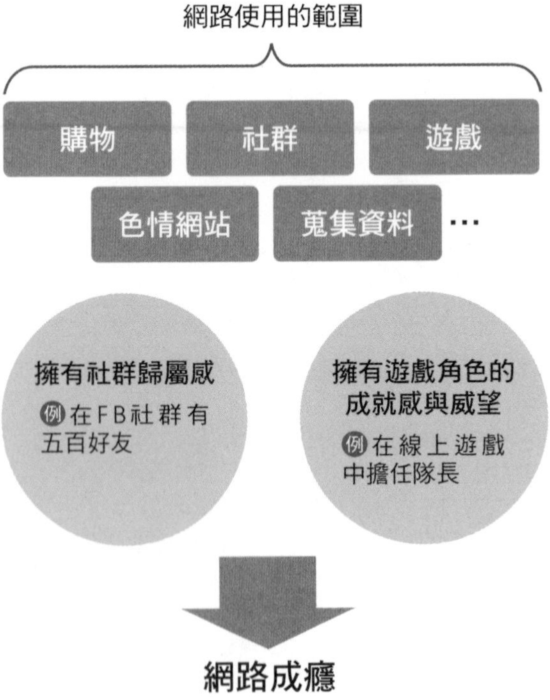
網路使用的範圍
購物
社群
遊戲
色情網站
蒐集資料
…
擁有社群歸屬感
例在FB社群有五百好友
擁有遊戲角色的成就感與威望
例在線上遊戲中擔任隊長
網路成癮

網路成癮的現象

網路成癮常見有三種現象，讓人難以立刻脫離網路的使用，欲幫助孩子脫離或避免成癮，父母可多留意家中孩子是否有同樣的情形。

現象1 耐受性

用量增加才能感到滿足。

快寫功課
再十分鐘

五天後

快寫功課
再一小時

現象2 戒斷

無法戒或斷，被迫停止時有負向情緒，如生氣或坐立難安。

現象3 強迫性

難以自拔的上網或渴望接收訊息。

五分鐘後，更新！

五分鐘後，再更新！

該如何幫孩子戒除網路癮

家中青少年孩子對網路的依賴，往往讓父母為難。為避免孩子的行為嚴重影響到生活，應先理解孩子網路使用的目的，從自身做起，降低對網路的依賴，多與孩子互動，改善家庭氛圍，即是避免網路成癮最根本的方法。

網路成癮治療專家呂奕熹指出父母可以透過以下方式與孩子互動：①手機夠用就好，避免手機成為炫耀與娛樂工具；②不試著介入孩子的社群，但適當提醒如何在網路上自我保護；③建立「奢侈品要成年工作後自己賺錢買」的觀念，避免孩子養成未付出即享受的習性；④以身作則，放下手機，抬起頭來與孩子互動；⑤使用實際案例提醒孩子，謹慎使用網路，並珍惜自己所擁有的資源。因此父母的理解與自我改變，將能帶動孩子的改變，也能避免低頭族家庭的現象發生。

孩子患了心理疾病，我該怎麼辦？

青少年時期心理疾病的發生常非單一存在，情感疾患與飲食疾患容易共病發生，認識青少年心理疾病的症狀，父母才能採以正確的方式照料他們，以及透過正確管道尋求協助。

孩子為什麼憂鬱？

國內約三分之一的青少年有情緒低落的經驗，而當中又有三分之一到一半的人，被診斷為憂鬱症。青少年處在身心快速變動的階段，身體的內分泌失衡，或對外在發育及儀表不滿意，以及渴望自我認同的發展受到外在環境的阻礙，便易罹患憂鬱症。其中又以喪失功能的家庭、家人情感疏離，或者同儕關係疏離的孩子最容易罹患憂鬱症。

這樣的孩子可能在學業上開始退步，或人際關係受挫，常會抱怨身體不適、失眠，或覺得沒有未來，也可能易怒、好鬥且情緒不穩定，這樣的情形至少為期一年。另也有許多共病現象，孩子可能開始拒學，甚至自我傷害，或者出現藥物依賴、飲食疾患等共同問題。更令人擔憂的是，他們多數會透過策劃來自殺，必須謹慎對待。

心理問題帶來的飲食疾患

心理問題也可能影響正常飲食，包括長時間不想進食引發的厭食症及暴飲暴食導致的暴食症。厭食症主要發生在對於潮流和時尚較為敏感的青少女。它是一種對維持正常體重的拒絕，對身材與體型看法的扭曲，他們認為瘦與拒絕飲食是高尚的，透過「控制」飲食讓自己有安全感，她們往往拒絕治療且不承認自己有狀況。體重會降至正常體重的八十五％以下，至少三次無月經週期，最後影響到身體的代謝、電解質失衡，嚴重則心臟衰竭致死，致死率最高可至二十一％。

暴食症則是短時間吃下大量高卡路里食物，再透過催吐、藥物或運動來排除食物，若此現象每週至少兩次、並持續三個月，就是暴食症的症狀。他們往往祕密進行並感到羞愧，雖然不至於致死，卻可能因長期催吐而傷害胃與食道、腐蝕牙齒，並影響代謝功能。

INFO 厭食症者身體質量嚴重低於正常人

正常人的身體質量指數（BMI）為十八～二十三 kg/m^2。厭食症患者的BMI界定為低於十七．五kg/m^2，過低的指數會影響身體的代謝和器官運作，過度飢餓也會引發血壓失衡，而有生命危險。

青少年憂鬱情緒自我檢測量表

透過量表可幫助青少年了解自己情緒的憂鬱程度，雖非分數高者就是憂鬱症，但會是憂鬱症的高危險群，因此不得輕忽。

評分方式：以最近二週符合的情形評估，每題為1分。	
□1. 我覺得現在比以前容易失去耐心	□11. 我變得很不想上學
□2. 我比平常更容易煩躁	□12. 我變得對許多事都失去興趣
□3. 我想離開目前的生活環境	□13. 我變得坐立不安，靜不下來
□4. 我變得比以前容易生氣	□14. 我變得只想一個人獨處
□5. 我心情變得很不好	□15. 我變得什麼事都不想做
□6. 我變得整天懶洋洋、無精打采	□16. 無論我做什麼都不會讓我變得更好
□7. 我覺得身體不舒服	□17. 我覺得自己很差勁
□8. 我常覺得胸悶	□18. 我變得沒有辦法集中注意力
□9. 最近大多數時候我覺得全身無力	□19. 我對自己很失望
□10. 我變得睡眠不安寧，很容易失眠或驚醒	□20. 我想要消失不見

※本表內容取自董氏基金會

結果說明

5分以下：適應不錯，懂得紓解情緒。
→繼續保持。
6～11分：有點煩惱，需要一些關懷支持。
→可找人吐吐苦水、多運動或戶外活動、維持良好作息
12分以上：憂鬱程度頗高，需要好好注意。
→善用心理資源幫助自己擺脫憂鬱情緒，告訴學校輔導老師或專業機構。

家人需一同面對問題

家庭、學校與同儕關係對青少年發展影響極大，許多青少年心理疾病的產生，與家庭教養模式、家庭壓力等有極大的關連，使得青少年心理疾病，往往無法只專注於青少年本身而獲得療癒。家族治療師米庫契（Joseph Micucci）認為，改善孩子的心理問題，首要必須先深入了解家中問題，蒐集不同家人的聲音，覺察互動模式，才能找出孩子的症狀為何不癒，且持續在家庭關係中惡化的問題源頭。

INFO 家庭治療並不容易實行

家族治療師以較中立與專業的角度幫助整個家庭一步步釐清家庭長期下來的相處問題，但困難之處在於並非所有家人都願意一起會談，因為參與對談有時等同於承認自己有問題或家庭有問題，因此家人往往抗拒參與。

心理疾病的症狀循環

當家中所有人注意力都在患病的孩子身上，可能會影響家人的互動關係，導致彼此疏離，或反而讓患病孩子感受到不被了解，而使原本症狀更為惡化。

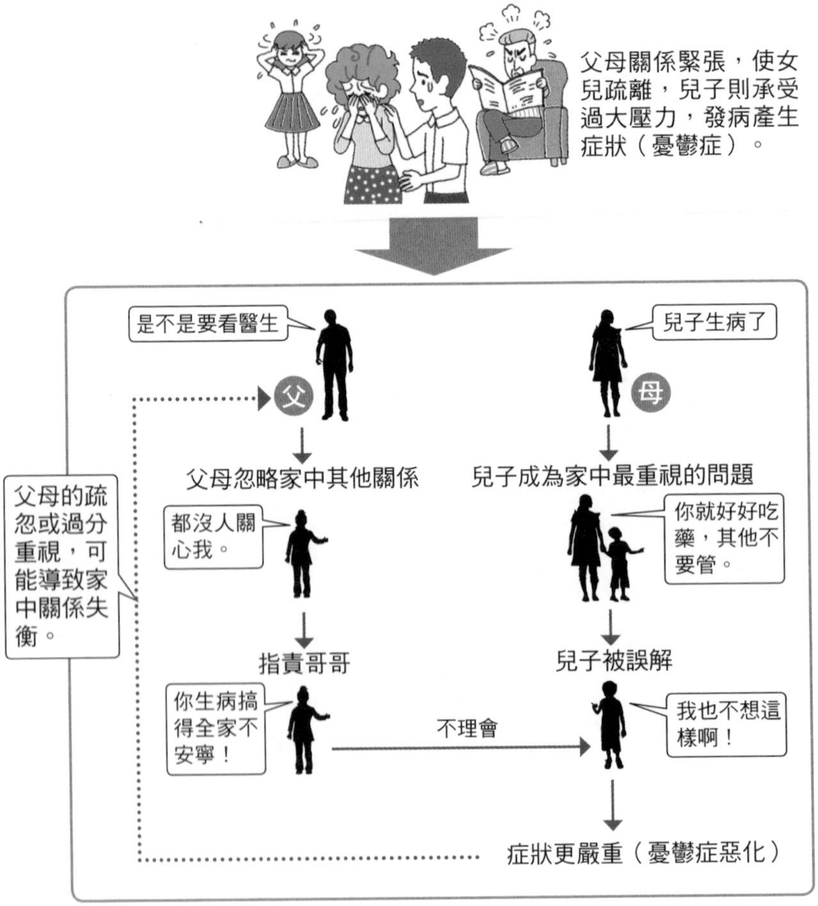

父母關係緊張，使女兒疏離，兒子則承受過大壓力，發病產生症狀（憂鬱症）。
是不是要看醫生
父
兒子生病了
母
父母忽略家中其他關係
兒子成為家中最重視的問題
都沒人關心我。
你就好好吃藥，其他不要管。
父母的疏忽或過分重視，可能導致家中關係失衡。
指責哥哥
兒子被誤解
你生病搞得全家不安寧！
不理會
我也不想這樣啊！
症狀更嚴重（憂鬱症惡化）

找出問題癥結，打破症狀循環

透過蒐集家人的意見來釐清所有人對家庭關係與問題的看法，來幫助家人逐步改善家庭關係以緩和症狀。

釐清家人怎麼看待問題

家中每個人看待事情的觀點不同，讓問題難以解決。

例

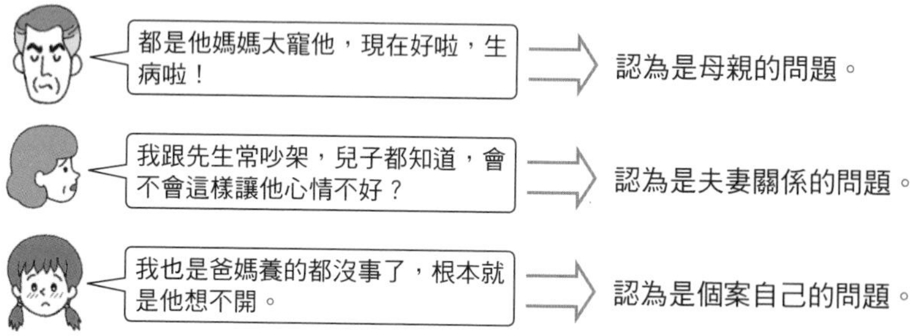
都是他媽媽太寵他，現在好啦，生病啦！
認為是母親的問題。
我跟先生常吵架，兒子都知道，會不會這樣讓他心情不好？
認為是夫妻關係的問題。
我也是爸媽養的都沒事了，根本就是他想不開。
認為是個案自己的問題。

了解問題的歷史

家人做過努力卻失敗的案例。

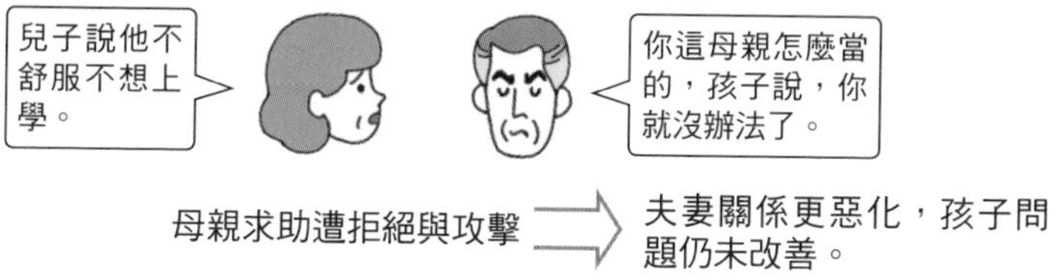
兒子說他不舒服不想上學。
你這母親怎麼當的，孩子說，你就沒辦法了。
母親求助遭拒絕與攻擊
夫妻關係更惡化，孩子問題仍未改善。

了解問題出現後，家人眼中的家人是如何互動的

家中每個人對家人兩兩間的關係，會因不同感受而刻劃出不同的關係樣貌，若能了解所有人是如何看待彼此關係互動時，更能幫助家人改善互動情形。

例 女兒對家人互動的看法。

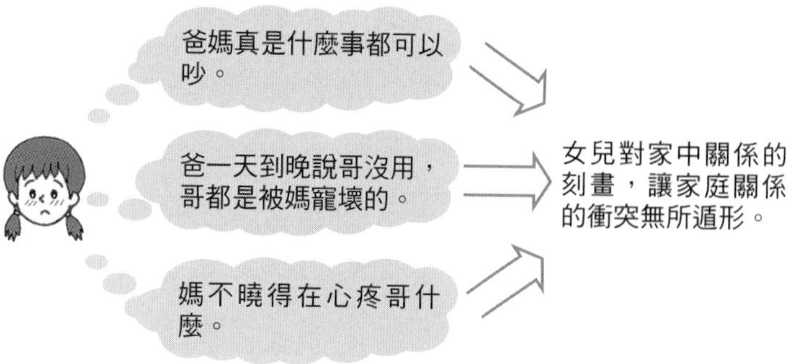
爸媽真是什麼事都可以吵。
爸一天到晚說哥沒用，哥都是被媽寵壞的。
媽不曉得在心疼哥什麼。
女兒對家中關係的刻畫，讓家庭關係的衝突無所遁形。

特殊家庭
親子關係①

少了另一半的單親家庭

家庭是孩子人格教育與社會適應重要的場所，不過單親家庭比雙親家庭缺乏父母一方的功能與性別楷模，使單親家中的孩子易有人際相處的問題，因此父或母都應多投入更多關愛。

單親對子女的影響

單親家庭的組成與雙親家庭有所不同，有時父親或母親必須身兼母職或父職，甚至在經濟上也必須付出更多的努力來維持家庭生活品質。單親對子女的影響層面廣泛，例如：單親家庭孩子容易出現自我否定與低自尊的現象，一部份來自社會的歧視，但仍有大部分因素來自父母的婚姻衝突，父母衝突在年幼孩子的眼中，往往對此感到無能為力，甚至有罪惡感覺得自己不夠好等心理反應。

另外，孩子往往是由父母身上學習男女性的認同與互動，單親家庭則難以提供這種觀察學習的機會，因此單親孩子往往容易對異性

單親孩子人格發展的負面影響

單親家庭除了家庭本身之外，有時備受外界的壓力與旁人的負面言語，而影響單親家庭孩子的自我概念和性別角色的發展。

- 孩子對父母衝突的無能為力與罪惡感，覺得自己不夠乖巧。
- 社會歧視與同儕嘲笑，孩子易有自我否定與低自尊現象。

例 在學校被同學嘲笑。

哈，你沒爸爸！
都是你不夠乖！

↓

導致孩子的自我概念低

- 孩子無法從父母身上觀察學習與異性間的相處和互動。
- 難以建立性別角色責任與認同，如男子氣概與承擔家庭的責任；女子溫柔與對家庭的照顧。

例 與母親同住的兒子易傾向女性化、產生與同性或異性相處問題。例如：朋友皆女生，被男生排擠。

↓

導致孩子性別角色難以健全發展

「單親家庭可能形成哪些不健康的親子關係」

單親家長易過度忙碌而無法分身照顧孩子，或者因自己的遭遇而責怪孩子或對不起孩子，都可能造成親子關係的失衡。

平等式

缺乏親子位階，家長無法提供親職功能，孩子被賦予超齡責任。

情緒依附型

孩子與家長的情緒無法分開，家長感到痛苦時，孩子也難受，兩人像情緒共同體。

過度苛責型

視孩子為拖油瓶，將自己的遭遇推卸到孩子身上。

過度保護型

視孩子的遭遇為自己的錯，不斷彌補與寵溺孩子。

有不合宜的期待，如由母親帶大的男性，可能對女性伴侶有過高的要求，或希望對方剛柔並濟。

我一個人該怎麼給孩子幸福

單親家庭的父或母需能意識到親子關係的狀態，單親勢必為孩子帶來影響，但仍可透過良好及健康的互動，幫助孩子健康發展。

單親家庭的親子關係，往往與單親父母的狀態，以及成為單親家庭的原因有極大關連性，若父或母過度苛責自己或孩子，或者無法善盡親職角色，都容易造成不健康的親子關係。父母應該視孩子為獨立個體，而非自己的附屬品或是自己的絆腳石，正視並接受自己的家庭狀態，留意賦予孩子的責任，也留意對待孩子的態度，是否過度補償，或過度苛責，才不讓親子關係成為單親環境下的犧牲品。

特殊家庭
親子關係②

與非親生父母共處的再婚家庭

一個家庭多套標準，很適合用來描述再婚家庭的狀態，孩子都帶有原先家庭的習性，在新家庭中勢必經歷一番調整或者關係的衝突。

再婚家庭的調適歷程

再婚家庭中的家人互動，建立起彼此的信任與關懷，往往比一般家庭來的辛苦，發展出家庭凝聚力也需要經過一段調適歷程。

美國心理學家諾克斯（David Knox）與沙赫特（Caroline Schacht）將再婚後，重建家庭的歷程分為四階段，從幻想開始，逐漸走入現實，而有實際的行動，包括建立家庭規則，以發展出家庭的凝聚力，最終才能找出夫妻、親子及手足間相處的方式，並使家中成員了解自己的角色與定位，鞏固家人關係。

歷程3 行動

透過溝通來建立家庭規則，建立家庭親密性，往往需要三～五年時間，逐漸發展出家庭凝聚力。

你做得很好！
耶，真的嗎？

歷程4 強化關係

無論是夫妻、親子或手足間，都能找到彼此最適合的相處方式，了解自己的角色和定位，鞏固家人間的關係。

阿姨身體不舒服，倒溫水給她喝。

再婚家庭的親子問題

再婚家庭結構較為複雜且類型多，可能是生父與繼母，繼父與生母，甚至是繼父與繼母的家庭組成，這些組成都帶來繼親角色的困境，以及親子相處的隔閡，常見如：管教問題，繼父母管教模式可能與生父母不同，一方面孩子可能想對生父母忠誠，而不願意聽從，一方面也可能心底排斥新來的爸爸或媽媽，難以認同他們是自己的家人，因而容易在親子管教上形成拉鋸戰，孩子必須在新家庭中服從新的家庭教條與紀律，也容易感到迷惘與不知所措。除此之外，手足間的相處問題，也總讓父母頭疼，孩子總是對於父母偏愛或親疏遠近的做法相當敏感，易爭風吃醋或心理不平衡，以及因過去不同父母的教養而有不同的生活習慣易產生相處問題。此時，繼父母須能理解繼子女的內在狀態，給予支持和傾聽，才有機會拉近親子關係。

再婚家庭調適歷程

再婚雖和一般婚姻同樣是兩家庭的結合，但多了孩子的問題，要建立凝聚力，需花更多的時間來達成。

歷程1 幻想

- 家庭成立初期。
- 家人間都充滿幻想，幻想這次婚姻關係會更美好、與孩子相處不會有困難等。
- 孩子可能幻想親生父母仍有機會和好。

這次婚姻一定會比上次好！
爸媽一定可以回到以前那樣。

歷程2 現實

家人開始面對現實，兩個家庭間的差異性，帶來衝突，以及有時被排拒在外的感受，都讓人感到挫折，幻想破滅。

這小孩好難教！
阿姨好兇！

Column

單親媽媽與非行少年糾結的親子關係

單親家庭的辛苦，是不難想像的，單親媽媽必須一肩扛起家計，努力工作之餘，還必須擔負孩子的教養責任，在家庭與工作之間疲於奔命。當孩子來到青少年階段，一個個頭大的問題便接踵而來，原本相依為命的兩人，在青少年時期將加入多種因素，使得親子關係逐漸疏離，可能因為交友也可能來自青少年的叛逆。無助的母親，沒有伴侶的支持，也沒有人可以討論，更加不知所措，也不知道如何與孩子相處。擔心之餘可能演變成愈抓愈緊，而孩子愈逃愈遠。

案・例・故・事

小偉，十五歲國中生，身型瘦小，喜歡一席黑衣打扮，不時注意自己的頭髮並不斷撥弄。自小父母離婚，與母親一起居住，從小就沒有見過父親，由母親一人帶大。國小時成績優異，是老師眼中的乖孩子，但上國中時，曾被欺負且遭受嚴重毆打，令他萌生出想要變強壯的念頭，如此才能保護自己與自己想保護的人。

自此他開始結交比自己年長的乾哥，開始夜歸、抽煙，甚至因夜歸而上警局，逐漸被列為「非行少年」（有犯罪可能性的青少年）的名單中。母親為此擔憂不已，常半夜找不到人而心慌、狂打電話，惹得小偉覺得厭煩而認為母親神經質。

母親為了規範小偉，透過金錢控制與停手機的方式，要求小偉在門禁前返家，但卻讓小偉開始想打工賺錢，以擺脫母親的控制。母親後來不斷地讓步，逐漸失去家規的原則，為的就是希望小偉能遠離那群乾哥，因為這群講義氣的朋友，其實來自某個幫派，常有吸毒、飆車與打架滋事的情形發生，然而小偉堅信自己不會進入幫派，只是很喜歡這群朋友。

自小缺乏父親關愛的小偉，在朋友身上看見了義氣，那是他所渴望的男性特質的展現，父親形象幫助一個男孩具備男子氣概，了解身為男性該具備的特質，勇敢、堅毅與責任感等，小偉因此認為在這群乾哥身上，他看到了榜樣，相信自己如果仿效乾哥，必定能幫助自己強壯，且保護自己。

同時小偉也處在青少年階段，需要同儕歸屬感，同時也需要尋找自我認同，因此出現許多自我中心的想法，不想受到母親的管束，也覺得大人們的行為太過多慮，不認為自己的行為有何不妥或者身陷危險之中，在團體中他也感受到自己被保護與被接納，他們不會嘲笑小偉的家庭。某種程度幫派弟兄們聚在一起是因為他們具有家庭背景的同質性，在原本的家庭中無法獲得足夠的保護與關愛，進而在這個群體中找尋，小偉不僅獲得了同儕歸屬感，也找到日常生活中、家庭中所缺乏的男性象徵。當小偉遇到他人挑釁時，他知道有一群人在背後為他撐腰，若有需要，具有男子氣概的乾哥會為他打一架，但小偉卻清楚地知道，他正遊走在法律邊緣。

當青少年與父母的依附關係愈微弱時，會花更多時間與同儕相處，也會沾染更多問題行為，父母的擔憂與介入，會想要控制青少年，則讓他們感到不被信任而反抗父母的控制，這就是青少年問題行為的循環。在小偉的家中，學校與警察的介入，其實已帶給母親很大的挫敗和焦慮，然而最重要的仍是與小偉重新建立關係，在此之前母親須能找到自己情緒支持的來源和宣洩的出口，例如找到能傾聽的人，或者專家，或定期聚會的團體，如教會等，讓自己的情緒獲得緩解與照顧，才有能量因應小偉棘手的狀況。

接著在關係的建立當中，必須能體認到自己想要控制孩子的慾望與擔憂，因為害怕與挫折的情緒，往往演變成以憤怒與壓制呈現出來，而導引出更大的衝突（參見P67情緒星座）。如果父母可以「承認」他們確實無法掌控孩子，並且真實地坦承自己內心的害怕，此舉將超乎孩子對父母的想像，而能轉變父母在孩子心中那個「總想要掌控他的大人」的形象，開始對父母另眼相看。例如：「我看到新聞上報導飆車族，我都好害怕你就是其中一個，也很害怕接到警察局的電話，我每次都不知道晚上醒來沒看到你，是不是再也見不到你了……」母親真誠地描述，將使得對話聚焦在親子關係上，母子必須共同去面對與解決問題。

父母的真誠，以及與孩子的同盟關係是重要的，專家與長輩的姿態只會拉開親子距離。父母應試著將孩子視為獨立個體，讓孩子自己說出他們的需要，再給予適時的協助，才能漸次改善緊張的親子關係。

Chapter 7

生涯發展的波折起伏

從初入社會、到從職場上退休，至少有三、四十年之久，工作固然是生活的經濟來源，也是表現能力、自我實現的管道。但人生不唯獨工作，還有家庭生活、和個人價值的一面。如何在生涯一開始做對選擇、在工作與家庭間找到平衡，一旦在職場上遭遇頓挫，能修正自我再出發、要能從工作中找到價值感，也要能找到不憑藉工作而得的自我價值與社會定位，這些都是這個階段無法逃避的人生課題。

若能讓自己維持活潑飽滿的生命活力，即使出現中年危機，在失落的情緒中也能讓自己不迷失，正面、樂觀以對，重新建立自己與社會的連結，將自己所能反饋給他人、社會。

學·習·重·點

- ☑ 該怎麼規劃我的職場生涯呢？
- ☑ 怎麼樣的工作適合我呢？
- ☑ 壓力好大，該如何排解？
- ☑ 職場菜鳥該有哪些心理準備呢？
- ☑ 遇上停滯不前、失去熱情的中年危機，該怎麼辦呢？

生涯選擇①

我的人生該往哪裡走？

每個人的工作理想、感情狀態及身心發展等情形都可能影響生涯的發展，應在個人為生涯做抉擇時綜合納入考量，再透過資訊的蒐集、知識的輔助，為自己規劃合適的生涯路。

生涯選擇的影響因素

著名的生涯理論學者舒波（Donald Super）認為，「生涯」是生活中各種事件的演進歷程，整合一個人在一生中各種職業和生活角色，由此表現出個人獨特的自我發展型態，即為個人的生涯。

個人內在或外在環境等種種因素都可能影響個人生涯的發展，職涯管理專家席恩（Edgar Schein）整合說明，生涯發展主要是由「工作、職業或事業」、「情感、婚姻與家庭」及「個人身心發展與自我成就」三種旋律激盪、交織而成，且因三者會在個人的生涯中持續相互影響，因而成為個人在職涯選擇時影響抉擇的重要因素。

一個人的生涯會受什麼影響？

生涯的組成並非只有工作，還包括周遭親近的關係與自我的發展和認識，進行生涯規劃時也應考量這些因素。

經營生涯的基本態度

- **對工作的態度**：例 它是一份養家餬口的工作。
- **對志業的態度**：例 我要透過它來實踐我的理想。

來自重要關係的影響

- **情感**：例 想轉換工作地點，就近照顧父母。
- **婚姻**：例 老婆支持我的工作，讓我工作更加努力。

自我養成與覺察的能力

- **身心發展**：例 每週持續三天的運動，讓身心都在平穩且活力十足的狀態。
- **自我成就**：例 完成這個專案讓我發現我已經成為這個領域的專家。

生涯從規劃到執行的必經過程

生涯規劃必須有足夠充分的知識，清楚理性的邏輯思維來決定方向，以及反省與覺察後徹底執行，來達成真實的生涯目標。

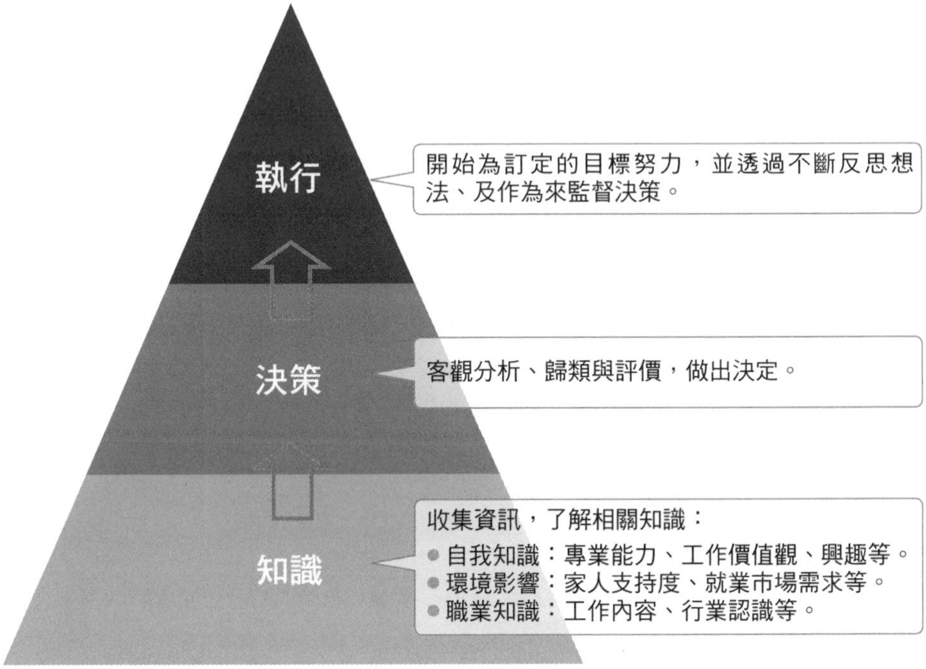
執行
開始為訂定的目標努力，並透過不斷反思想法、及作為來監督決策。
決策
客觀分析、歸類與評價，做出決定。
知識
收集資訊，了解相關知識：
● 自我知識：專業能力、工作價值觀、興趣等。
● 環境影響：家人支持度、就業市場需求等。
● 職業知識：工作內容、行業認識等。

如何規劃生涯

個人規劃生涯時，考量的面向主要有「個人」、「環境」及「資訊」。了解個人自己的能力、專業、性向、價值觀等，期望朝自己所長發揮，也視自己的能力限制，來設定可承擔的自我理想範圍。而環境部分，包括了解家庭與社會環境的情形，藉以判斷自我能力和理想的設定是否合宜、對環境現況來說是否具有優勢，例如家庭是否支持我的理想，會成為助力或阻力、目前的專長對大環境的就業條件或社會趨勢是否有利。

為能對職場環境深入了解，蒐集資訊就顯得相當重要，包括工作資訊、行業資訊、組織或單位相關的訊息等，愈是能完整蒐集，就更能全面了解，有效規劃理想又實際可實現的生涯路。

什麼樣的職業才適合我呢？

面對生涯時，向內探索是必要的，了解自己的能力和興趣，將能釐清職涯選擇的方向，視自己能力所及，規劃符合自己的人生。

生涯中的必備能力

生涯發展勢必受到個人所具備的能力影響。企業選才中，除了專業能力之外，也會特別看重求職者與人互動、應對的能力。可知生涯抉擇除了考量自己專業的「特殊內容能力」、一般較事務與規律性質的「功能性能力」外，還需判斷自己是否具備「適應力」，這點關係著個人能否因應工作上可能出現的變動或衝擊，調整自己並快速適應，這也是很重要的生涯能力。

另外，生涯中難免困頓、迷失，個人必須有能力去理解原因，加以規劃或改變，幫助自己再走入期待中的職涯，此即為「生涯因應力」，這也是個人在職涯路上必備

我有哪些能力？　對自己有足夠的認識和覺察，才能視自己的能力，規劃出符合自己的生涯出路。

生涯因應力

對生涯的整體因應能力，包括探索、蒐集資料、做決策、對現實的理解等。

工作倦怠時，我會找長輩聊聊，參考建議。

功能性能力

處理工作中相關活動中的能力，包括人、事、資料、理念等。

資料按照字母分類好，才找得到。

特殊內容能力

特定專業的表現能力，例如編碼、手術、法律知識等。

我已經清楚了解二代健保的規定，能正確計算稅額。

適應力

對進行的工作與當中的組織文化的調節能力。

這樣步調快速的工作模式，我已經習以為常了。

有多少能力，做多少事。

能力愈大，責任愈重。

RIASEC興趣模型

何倫的生涯類型模式以六種分類來區分生涯興趣，可幫助生涯模糊者聚焦其選擇。

研究型（Investigative type）
喜歡分析、思考、探索問題的答案。
典型職業 生物學家、歷史學家、研究員等。

實用型（Realistic type）
喜歡動手操作器具或機械，解決實際問題。
典型職業 工匠、技師、警察等。

藝術型（Artistic type）
喜歡創造與想像力，易沈浸在藝術的世界中。
典型職業 音樂家、演員、設計師等。

事務型（Conventional type）
喜歡規劃整理與安排事務，但不喜權力。
典型職業 會計、秘書、公務人員等。

社會型（Social type）
喜歡與人互動、協助或教育他人。
典型職業 護理人員、輔導人員、顧問等。

企業型（Enterprising type）
喜歡協商、管理、商業並領導他人。
典型職業 經理人員、律師、業務行銷、創業家等。

的能力。

了解自己的生涯興趣

個人探索生涯時，「是否有興趣」是相當重要的，興趣延續一個人在職涯上的熱情，並讓人能鎖定目標、全心投入。如何了解自己的興趣呢？何倫（John Holland）以RIASEC興趣模型將人的興趣做分類，並個別展現各類型喜歡進行的活動，也有相對應適合的職業選擇。

除了何倫的興趣模型外，多數企業也透過分析個人興趣，來了解個人的特質是否符合其工作職位的需求。例如：MBTI性格類型指標，是企業界廣泛使用於職業發展的測評工具，透過「注意力集中處（內向或外向）」、「蒐集訊息的方法」（實感或直覺）、「做決策的評斷（思考或情感）」以及第四軸向「生活方式」，（前三軸向可參考性格類型，參見P.28、29）來分析一個人天生的優勢所在。

選擇職業時，還要考慮哪些外在因素？

除自身能力外，個人生涯也深受華人文化影響，可從小至個人↓小系統↓中系統↓外系統至大系統，一層層地去追溯，這些含括在系統中的個人外在因素都在無形中影響個人生涯的選擇。

小至中系統的影響

美國心理學家布朗芬布倫納（Urie Bronfenbrenner）提出生態系統理論，認為個人發展深受個人與環境互動的影響，且系統與系統之間並非封閉，而是開放且相互交流形成動態平衡，因此每個人必須能覺察系統對個人的影響，才能做出適切的生涯抉擇。

其中，與個人較密切相關的是小系統及中系統，小系統如家庭關係（夫妻、親子、妯娌或父母等），或者職場上的工作關係（同事、上司、客戶等），亦或親近的朋友，這些關係在個人的生活圈中有著最直接的影響力，例如職場上與上司的關係，同儕的相處與氛圍，會直接影響個人在此職位上的去留或發展。中系統則如家庭與職場、家庭與鄰居的親疏等個人所處的環境，系統與系統之間的關係連結，會影響例如因為朋友的介紹進入公司，但與朋友關係破裂而影響繼續任職的意願等生涯抉擇。

外至大系統的影響

更向外延伸、範圍更大的是外系統及大系統，外系統雖未與個體直接接觸，但卻是個體所處的外在社會環境，如社會經濟、教育制度、政府的立法、福利與傳播媒體都會對生涯造成影響，例如在醫療體系中，許多醫療糾紛的報導，讓外科醫生轉戰醫美行業等。

大系統則指抽象但對個體有相當影響的價值體系，例如華人文化、社會規範等。也除了如男主外女主內的觀念會對個人造成影響外，這些文化價值觀也會影響父母的教養，華人的孝道與服從權威的文化，往往賦予父母更多權力來左右子女的生涯，因此個人在生涯抉擇時，除了從自身出發外，也應將系統對自我影響的變數也納入考量，才有機會真切活出個人的理想生活。

人與環境是一個無法切割的整體，每個人的發展都會受到小、中、外、大四個系統的影響。

布朗芬布倫納

哪些外在因素會影響職涯的選擇？

以生態系統理論的架構，呈現個人職涯選擇的外在影響，除了個人會受外在環境影響之外，系統與系統之間的狀態也會交互影響。

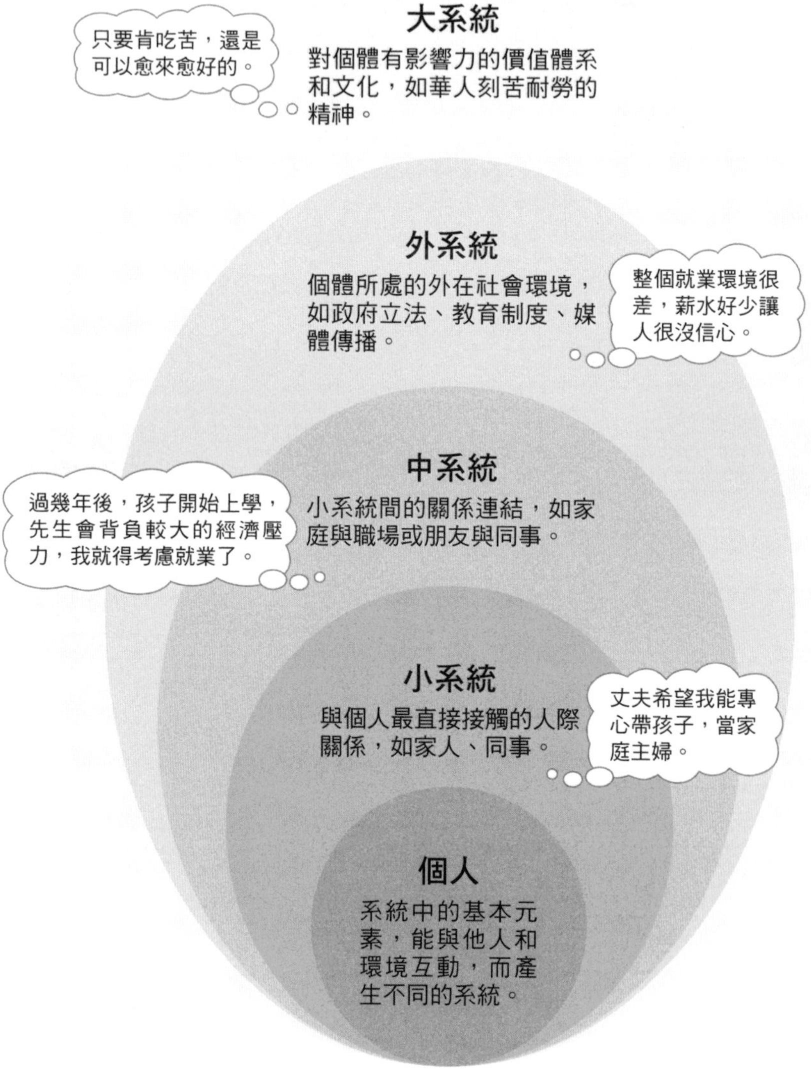
只要肯吃苦，還是可以愈來愈好的。
大系統
對個體有影響力的價值體系和文化，如華人刻苦耐勞的精神。
外系統
個體所處的外在社會環境，如政府立法、教育制度、媒體傳播。
整個就業環境很差，薪水好少讓人很沒信心。
中系統
過幾年後，孩子開始上學，先生會背負較大的經濟壓力，我就得考慮就業了。
小系統間的關係連結，如家庭與職場或朋友與同事。
小系統
與個人最直接接觸的人際關係，如家人、同事。
丈夫希望我能專心帶孩子，當家庭主婦。
個人
系統中的基本元素，能與他人和環境互動，而產生不同的系統。

早期職場生涯階段

職場菜鳥做好心理準備了嗎？

每個人的性格、能力的養成都可能受到環境的影響，或有所長、或有所短。但若能深入了解自身的特質和能力，在經驗中覺察不足，便能改變他人的刻板印象，闖出自己的一片天。

職場新鮮人的心理歷程

早期生涯階段是從學校教育體系，過渡到工作世界的過程，因此也是新鮮人需要調整心態，轉換學生身分到社會人士的社會化過程，開始接觸與了解職場文化，以過去學習經驗幫助自己在組織中奠定基礎。

在職場中，旁人不一定願意教授，職場環境也不一定願意等待新人適應，提供學習組織文化與工作技能的機會，都易讓新鮮人感到挫折、迷失。因此初入社會的焦慮感是不可避免的，必須接受自己是新人，抱持積極踏實的心態，一步步培養專業的實力、與自信，使自己更加沉穩，便更能掌握組織文化和

早期生涯的發展任務：早期發展任務必須能持續發展自己的能力與知識，更重要的是透過不斷探索，尋找自己的定位與得以發揮的舞台。

任務	內容	說明
任務1	發展行動技能（軟技能）	增進自己發現、解決問題的能力，衝突管理、溝通技巧、團隊合作等能力。
任務2	發展專業能力（硬技能）	建立並發揮自己的專業知識與一技之長，例如軟體、工程、法律等。
任務3	尋找職涯舞台	找到可發揮所長的工作環境。
任務4	尋找定位	在組織中找到自己的角色定位、成為組織中的一分子。

克服早期就業危機的因應之道

青年朋友可能面臨許多就業問題，但若能下定決心，仍可透過了解自己並執行目標，來避免危機的發生。

定義「我是誰」	探索自我，例如：透過閱讀、職涯探索工具、心理諮商，來了解自己的能力、天賦及興趣。
↓	
確立「我要成為什麼樣的人」	找出自己的理想，例如想成為空中飛人到世界各地協商合約，可與已是空中飛人的前輩請益，了解相關經驗，是否符合自己的理想。
↓	
思考「我缺少什麼」	了解自己的不足，找出提升的方法。例如進修語言課程，提升語言能力；參加管理課程，提升協商的技巧。
↓	
確立目標，思考「我該怎麼做」	設定目標，例如三年內進入外商公司；三年內英文練習達兩千小時等。確實執行，並適時鼓舞自己或找到伙伴相互監督。

氛圍，更快適應環境。

新鮮人需考量的大環境要素

就業除了個人技能與興趣的考量外，大環境的因素更是影響新鮮人就業的重要因素，包括景氣狀態、產業結構、政府政策、人口結構、市場趨勢等都將影響就業是否順利、職業別的選擇等。例如政府所訂定的基本薪資標準，很容易變成企業用人的起薪標準，而影響就業者經濟壓力；當景氣不佳、產業疲弱時，整體就業市場也會變差。

有些人則選擇自行創業，但仍需同時考量資金準備及經營能力等相關問題，以免賠了夫人又折兵。因此無論是就業或創業，生存在市場的大環境中，為能因應市場狀況，順利就業，應多關注就業環境的情形，蒐集資訊，並且準備好面對的心態和整備技能，好讓自己不被現實擊倒，就業便能無往不利。

生涯發展的階段論

學著與工作一同成長

生涯發展不僅是前後具連續性，隨著年齡與經驗遞增而產生變化，同時也會與環境產生雙向互動模式，因此生涯路上必須適時調整步伐與方向，才能因應變化，化危機為轉機。

因為工作，讓我更熱愛工作

人生的發展是長期與持續性的累積，也是人與環境交互影響的過程。職涯管理專家席恩（Edgar Schein）提出「雙向互動模式」，說明個人生涯發展的轉變會影響組織，而組織的轉變也會影響個人。

從個人進入職場後，即開始了在職場中的社會化歷程，並且經歷不同的成長階段。然而，組織多半不會因單一個人轉換經營策略，為能讓自己在職場上保有競爭力、熱情不減，個人仍應檢視自己所處階段，找尋資源、不斷學習、加快成長，才能更快熟悉職場運作、掌握工作脈絡、提升自信，在工作中堅定自己的職場理想。

席恩的雙向互動模式

基於自我需求的觀點，個人進入組織，與組織的互動關係可分為四個階段，並歷經每階段後，組織與個人都會有所改變和成長。

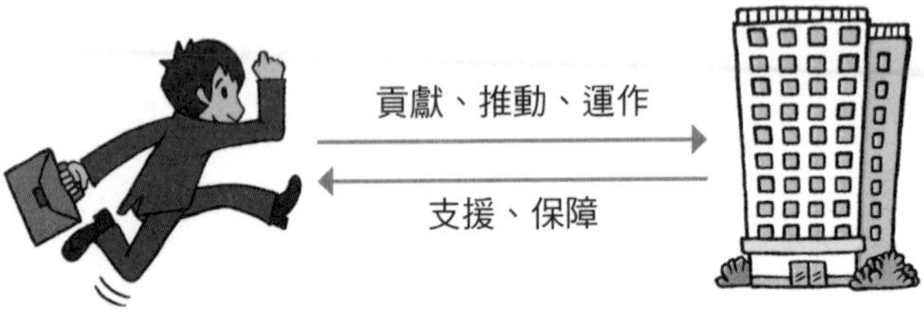

建立期
個人需要支持和指引，了解組織營運和文化，融入團隊並感到被接納與關懷。

→

提升期
探索個人的角色定位，在工作中得到保護與支援，並提供其展現能力的機會。

→

維持期
開始對組織貢獻生產、與他人分享成果並提供他人教導與諮詢服務。

→

退化期
對公司與職位失去認同，無法從中獲得成長與激勵，準備退出組織。

職場生涯發展的任務

生涯發展從初入社會到退休之間，各階段都有其必須面對的課題與任務。然而現今社會的變遷，將生涯發展時程延後，青年自立時間較晚，退休年齡也延後了。

成長重點
對組織可發揮影響力並承擔更大的責任，但也隨著體力、競爭力下滑，也需重新評估工作的核心價值、自我調適。

後期生涯
（約40歲-65歲）

成長重點
評估自我條件與價值，調整個人生活結構，以決定接受現況或轉換跑道。

中期生涯危機
（35-45歲）

中期生涯
（25-35歲）

成長重點
學習擴展，保持個人競爭力，發展管理能力，承擔管理職責，建立長期職涯計畫。

早期生涯
（17-30歲）

成長重點
學習深化發展專業，展現效率並承擔責任。

基礎訓練
（16-25歲）

成長重點
了解、接受組織文化，適應工作內容。

初進工作世界
（16-25歲）

成長重點
學習謀職技能、評估工作與組織狀況，成為組織中的一員。

成長、幻想
試探期（21歲前）

成長重點
尋找典範與發展個人價值。

20歲　30歲　40歲

工作的
核心價值

我這樣工作到底有什麼意義？

工作除了獲得金錢與滿足生活所需之外，它對於自我的內在與社會層面也有深刻意涵。透過了解工作意義與價值觀，幫助自己更清楚所選擇的工作。

工作的意義

意義治療之父弗蘭克（Victor Frankl）認為，工作是屬於創造性價值經驗。經由創造力和創造活動，舉凡藝術的、音樂的、繪畫的，或者任何會幫助人生向前，幫助世界更美好的活動皆是。這種創造的過程可以獲得成就感，工作的意義也在採取行動與負起工作上的責任中應運而生。

更具體的，人們在工作上所追尋的意義，是渴望與人互動，在互動中滿足自我認同、尋求自我價值，為社會付出、參與活動，追求生存安全感等，若能在工作中滿足這些需求，則充滿動力，進而持續且積極工作，讓自我感到充實有價

工作的意義 工作並非只有成就感會帶來意義，它具有更廣泛的面向可深入探索。

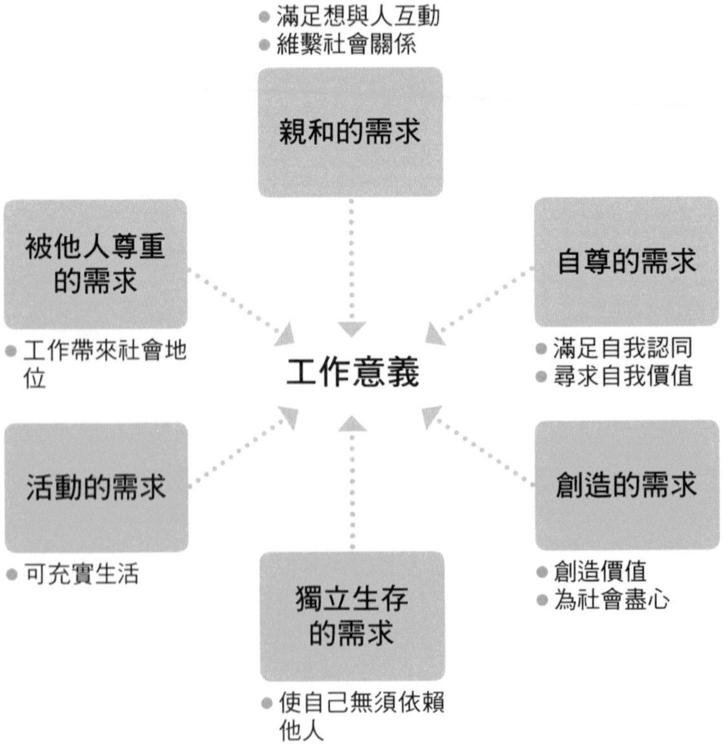

• 滿足想與人互動
• 維繫社會關係
親和的需求
被他人尊重的需求
• 工作帶來社會地位
自尊的需求
• 滿足自我認同
• 尋求自我價值
工作意義
活動的需求
• 可充實生活
創造的需求
• 創造價值
• 為社會盡心
獨立生存的需求
• 使自己無須依賴他人

如何定義自己的工作價值觀

美國心理學家瑞斯（Louis Raths）提出價值澄清法，可透過其步驟來檢視自我，一步步檢視並建立自己的價值體系，以清楚自己的需求與信念，擁有合意的生涯。

步驟1 選擇
- 是自己在無權威、利誘下的自由選擇。
- 我可以從不同的途徑中選擇。
- 是我在深思熟慮與衡量後，才做的選擇。

步驟2 珍視
- 我重視與珍惜自己的選擇。
- 公開表示自己的選擇，以之為榮。

步驟3 行動
- 是根據自己的選擇所採取的行動。
- 重複實施，使工作的價值趨於永恆。

值感。

定義自己的工作價值觀

價值觀，是每個人心中的一種信念，將影響個人思考與評斷的方式。工作價值觀的存在，將體現個人如何在職業上發揮與呈現自我，就外在因素而言，個人的價值觀形塑將與社會文化息息相關，如集體主義、服從權威、愛面子等華人文化，使得個人在選擇工作時，自然而然趨向於受普遍大眾認可的工作。

然而價值觀是一種主觀的存在，深刻影響一個人在工作上，不論是工作條件、工作內容或者組織文化等的選擇，也影響一個人在工作當中的滿意度、成就與認同感，所以如何選擇讓自己喜歡的職業，首先須能釐清自己的價值觀。

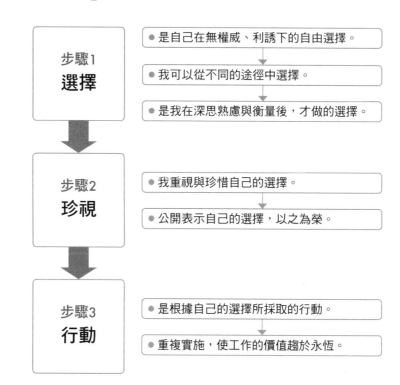

如何排解壓力？

工作壓力是身為工作者無法避免的，可試著檢視自己的壓力，再透過「刪」、「減」、「替」、「緩」等原則來幫助自己管理與降低壓力，以提升職場上的抗壓性與穩定度。

壓力的來源及影響

工作壓力是指因職務的要求、期望和職責以及工作環境所引起的壓力。一般而言壓力會引發個人的焦慮反應，焦慮則會發出危險訊號，使人對環境有更好的因應，但過高或過低的焦慮，都會讓個人的行為表現下降。

壓力究竟有多大？只是振奮精神，還是已經讓人瀕臨崩潰，可透過「壓力危機」公式來檢視。一個人的壓力來源往往不只是工作，還包括了家庭與經濟等因素，因此如果一個人在愈多方面都有壓力，甚至多方面的壓力都很大，總體的壓力就會愈大，愈是讓人無法承受。

我的壓力有多大？

透過壓力危機的公式，攤開個人所承受的各方壓力（分子）、以及在這些壓力下仍有哪些支持的力量（分母），來了解自己面臨生活危機的程度。

婚姻
工作
房貸

$$\text{危機} = \frac{\text{壓力總和}}{\text{支持總和}}$$

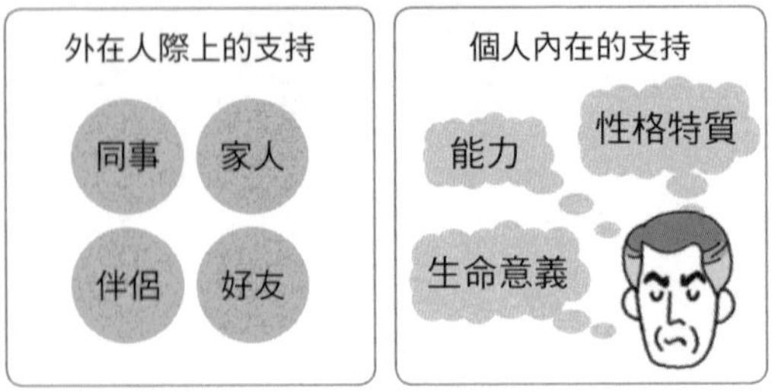
外在人際上的支持
同事
家人
伴侶
好友
個人內在的支持
能力
性格特質
生命意義

壓力因應方式

壓力因應可從兩方面著手，一是增加自我強度，另一是增加與親友之間的互動來提高抗壓性，透過「刪減緩替」來減輕壓力源。

因應方法①　壓力控管→降低危機公式中的「分子」

刪：刪除造成壓力的來源。
例 辭去工作。

→

減：刪不了時降低要求、品質與重要性。
例 要求從一百分降至八十分。

→

替：減不了時將瑣碎事情由人代勞。
例 家事交代給孩子。

→

緩：替不了時事情排序，延後某些事情。
例 暫緩搬家。

因應方法②　支持系統增加→增加危機公式中的「分母」

內在

透過瑜珈、靜坐、按摩、運動等方式，找到價值與意義、建立正向信念並保持樂觀。

外在

- 找人協助、傾訴。
- 拓展人際支持。

壓力好大，該怎麼辦？

面對壓力時，只要將壓力源刪除就能排解，但人往往同時肩負其他壓力，且這些壓力源也可能存有緊密關連，例如直接離職，將威脅家庭經濟，而無法輕易放下。或許可嘗試減低壓力源的重要性、分量或降低標準來讓壓力下降，減低「完美主義」所帶來的壓力。也可透過時間管理來安排事件的輕重緩急，如很多壓力聚集時又要搬家，就可先將搬家暫緩。至於，屬於較不重要也不緊急的事情就尋求他人替代，如將家事交代給小孩，也能為自己縮減不少壓力。

此外，可透過拓展自己的支持度，例如找人協助、傾訴，或者找出意義和價值，注入正向心理能量，透過如瑜珈、靜坐、運動或按摩等多種管道提升自我面對壓力的強度和穩定度，來增加自己抗壓程度。

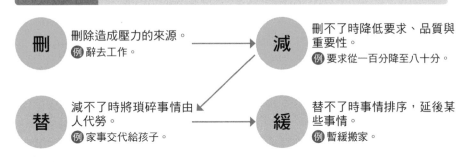

我只能像個陀螺轉不停嗎？

龐大的工作壓力讓休閒的概念開始被廣泛重視，但休閒需能提供正向能量，才能達到休閒的目的，也必須在身心皆滿足的情況下，才能維持工作動能，達到工作與休閒的平衡。

工作與休閒的關係

在華人思考中，常有「玩物喪志」的觀念，認為帶來歡樂的活動不值得投入，因而休閒似乎成為工作的對立面，但實質上，工作是為了維持生活所做的努力，也是個人追求社會地位與成就感的途徑。休閒則是保留自由使用的時間從事有意義的活動。

工作的目的在於恢復精力、讓人喜悅，代表自由、自主、省思及自我滿足，也包含個人在工作以外想做的事情，其中包括娛樂、社交、體育、及藝術等樂趣。因此為了使工作熱情不減，維持精神與體力，避免身心耗竭，休閒與工作兩者應維持平衡。

工作與休閒的平衡

工作與休閒達到平衡的循環，則可幫助工作更穩健的發展、休閒活動得以持續，失衡則造成工作缺乏意義或身心耗竭等現象。

付出時間、精力與能力，獲得酬勞。

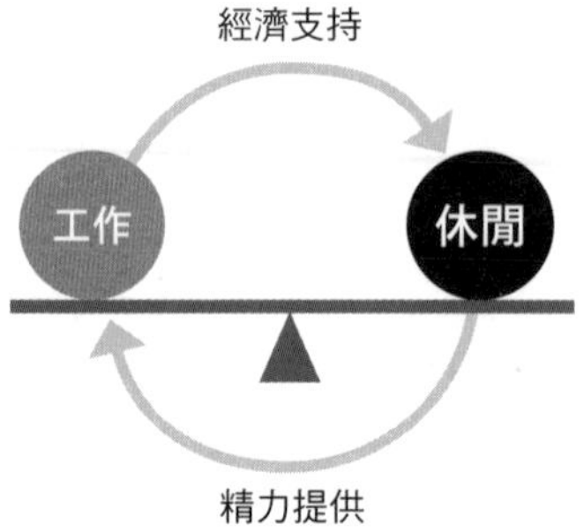

自由的時間從事有意義的活動，提供樂趣與正向能量。

當工作與休閒失衡時：

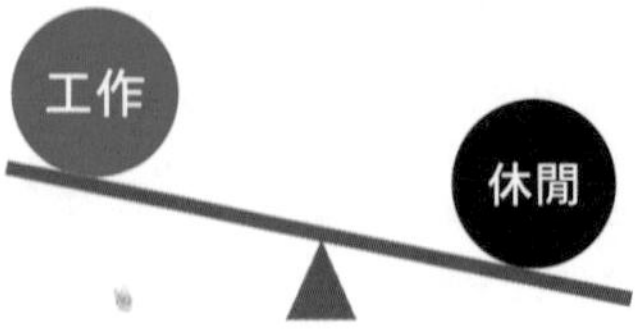

工作缺乏價值，而無成就與意義感，沉迷於休閒，使工作的專業與付出停擺。

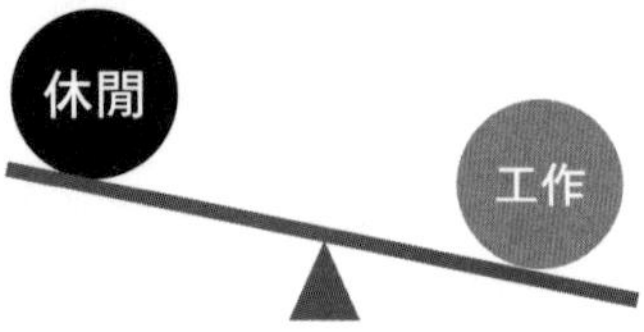

工作超時壓力過大，擠壓個人參與休閒的時間，易耗竭，而縮短工作年限與熱情。

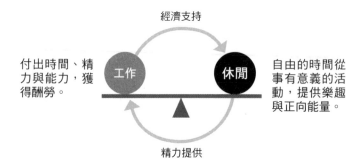

休閒令人滿意的面向

美國心理學家比爾德（Jacob Beard）與拉吉普（Mounir Ragheb）提出休閒令人滿意的幾個構面，說明他們如何提升身心品質。

美感的滿足

例 在咖啡廳裡，感受精緻的裝潢跟氛圍，真令人舒服。

心理的滿足

例 能和朋友一起打羽毛球，好開心。

生理的需求

例 每週三天瑜珈課程讓我遠離醫生。

社交的需求

例 我們這群山友每個月固定都會聚會或出遊。

放鬆的需求

例 假日跟家人一起泡湯真舒服。

教育的需求

例 參加攝影社才知道原來有好多技巧、每個人都有不同拍照風格。

休閒活動如何滿足需求？

休閒必須能滿足需求，讓人能獲得期待中休閒所帶來的好處，達到個人休閒的目的，這些期待的目的可能包括心理上、社交上、教育上、生理上等需求的滿足。縱使每個人對休閒的期待不同，只要個人能對所進行的休閒感到滿意，例如玩桌遊能讓我在不斷挑戰勝利中，獲得成就感；跑步能強化我的心肺功能，達到健身與抒壓效果。或者休閒有時也是工作型態上的一種互補，如通常獨立作業的人，有時假日需要參加社交活動來滿足與他人互動的需求，才不至於整個生活都是較為內向的情境；而經常需要團隊互動或者面對客戶的工作型態，有時假日則需要與較親近的朋友或者獨處的方式度過，滿足自己需要安靜，或者與親友深度對話交流的需求。因此透過內外在的平衡有助於啟動工作的新動力，為生活帶來更多正向能量。

我有中年危機嗎？

工作多年、生活因體力衰退也有所不同，使得中年期易遭遇瓶頸和困頓，而需反省、提醒自己做調整，重新檢視生活，或重新選擇生活，才能讓自己活出更滿意的第二人生。

如何檢視我有沒有中年危機

中年並非我們想像的進入一個穩定的生活階段，反而浮現多方生命的變動與生活型態的改變，如子女離家、年邁的父母去世、親人生病或者工作升遷的瓶頸等，而強迫面臨抉擇或調整，過程中心態的轉變，會逐漸從「已經活多久了」，過渡為意識到年老與死亡的靠近，而轉變為「我可以活多久呢」。

中年危機會分別在心理、生理、行為與人際層面出現問題，不滿足的心理、懷疑自己、情緒不穩定；身體上出現與壓力相關的症狀，如新陳代謝、胸悶、睡眠問題；行為上有依賴某種物質，如酒精，反常的行徑，如深夜才回家等；人際上可能會變得封閉，不願與外界接觸等現象。

從「中年危機」開啟第二春

榮格在與佛洛伊德決裂後（參見P18），產生前所未有的憂鬱，也陷入自己所提出的「中年危機」中，他花了很長的時間在河畔畫「曼陀羅」（一種呈現自己內心狀態的圖像），來幫助自己將內在的感受真實表達，並逐漸覺察與整合自我。

如何調適中年危機所面臨的低落的自我概念，榮格認為中年人必須放棄年輕的心，就像承認死亡是必然的，以面對自己老化的跡象，身體健康亮起紅燈，感受時間的流逝，再積極向內探索，自己追求的理想究竟達成沒有，以及存在的意義為何，釐清自己的想法，若覺察理想我和現實我的差距（參見P41），而感到失落，便能加以調適，縮短距離，讓心態得以平衡。因此才能看見自己的需要，重新抉擇。

「中年危機」是中年階段常有的現象，除了個人因身體機能的改變或健康下滑，開始試圖改變生活習慣外，為因應生活轉變而不斷檢視自我，使內心有了轉變。

有些人會在此時意識到，多年來自己所追求的，是順應潮流或社會價值觀，甚至可能是父母的期許，從來沒有真正審視自己的需求與內在聲音，而在中年生涯有大幅度的突破或改變，例如：發現自己

到了中年，我會怎麼過呢？

中年生涯開始總結個人前半生的經歷，並決定下一目標，此時的心態和決心將引導此階段開始為理想發光發熱，或是停滯，甚至陡然下滑。

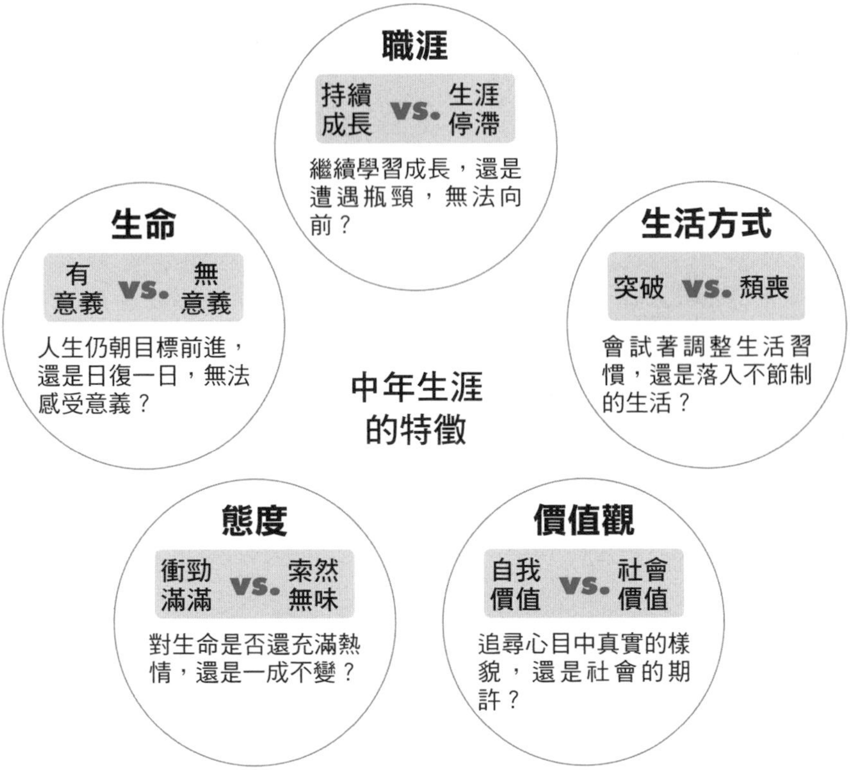
職涯
持續成長 vs. 生涯停滯
繼續學習成長，還是遭遇瓶頸，無法向前？
生命
有意義 vs. 無意義
人生仍朝目標前進，還是日復一日，無法感受意義？
生活方式
突破 vs. 頹喪
會試著調整生活習慣，還是落入不節制的生活？
中年生涯的特徵
態度
衝勁滿滿 vs. 索然無味
對生命是否還充滿熱情，還是一成不變？
價值觀
自我價值 vs. 社會價值
追尋心目中真實的樣貌，還是社會的期許？

對藝術的喜好，卻花好幾年時間學醫；或者有些人則因對前半生的生命感到索然乏味，沒有興致學習新事物而就此停滯，安逸於現狀，但由於生產力已然下滑，最後可能面臨中年失業的危機。

當然也有人前半生就不斷自我探索，找尋生命價值與意義，相較危機感不似前者強烈，因此到了中年階段則能有更多更穩定的貢獻，強而有力的帶領組織，積極參與社會事務，並且精力旺盛。

> 中年危機的因應之道在於，從過去與潛意識中的訊息裡，整合並還原最真實的自我，來指引自己下半生的新方向。
>
> 榮格

中年職涯危機

中年工作出現危機怎麼辦？

到了中年，通常已是職場老鳥，或組織中的管理階層，相當熟悉工作的運轉，但熱情逐漸磨耗，升遷遇上瓶頸，讓中年期的鬱悶逐漸擴大，影響工作績效進而導致失業。

中年工作拉警報

在職場經過一段時間的歷練後，工作者會出現從生澀到熟練，從熱情到倦怠的變化，這是生涯發展過程必經的狀態。從另一角度來看，當生涯進入中期階段後，來到生涯上限時，會讓人開始檢視職涯發展與自我價值。

中年最令人擔心的，莫過於失業問題，產業結構隨著時間的改變，也迫使在崗位上的人必須學習新技能，學習若無法跟上，加上組織縮編，失業就可能發生。然而，中年失業不像青年失業那般單純，除了影響家庭生計，更可能貶低自我概念，開始產生自我懷疑，例如：「沒有工作會被別人看不起」、「我會成為家人的負擔」、「我年紀這麼大了，應該沒有公司會錄用我。」據調查也發現，失業超過六週則可能轉為自暴自棄的現象。若失業者是男性，受父權文化賦予男性對家庭的責任與期待，將使其更難面對家人，以及面臨男性自尊破滅的危機。

不過失業也有其正向的影響，它提醒中年階段需要重新省思生活模式，給予自己再次學習的機會，重置生活重心，回顧自己的一生，又是否有自己渴望卻一直忽略的清單。若能從失業的沮喪和挫敗中甦醒過來，便能對自己有更多的認識，對自己的抉擇更勇往直前。

職涯停滯的原因

生涯停滯即升遷到某個高度，出現停擺的狀態，此時包括升遷管道、個人能力等上限，都讓人內心感到困頓。

感受不到工作的意義

例 賺了這麼多錢，到底是為什麼？

缺乏升遷的機會

例 上不去了，已經沒有位子了。

體力、學習力及記憶力變差

例 老是記不住真糟糕！

專業能力的瓶頸與停滯

例 每天一樣的工作都無法突破。

如何化解工作危機

唯有改變與成長可以脫離危機，讓自己不是被動受環境所操控，因此生活作息與自我的調整，以及不斷地學習，是最佳的途徑。

方法1 提升自我知識

透過書寫、閱讀、自我省思，或參加自我認識課程、職涯諮商等，重新發現自我，並尋找適合的職涯。

方法2 學習新技能

唯有學習可以主動改變現況，因此可追尋並學習自己喜歡的知識和技能，賦予個人自信，積極改變現況。

方法3 改變工作內容

與老闆討論以修整自己在工作上努力的方向，創造公司與個人間雙贏的局面。

方法4 改變工作型態

從自己的特質與生活方式出發，找到喜歡的工作型態，是朝九晚五的固定形式，還是較為彈性或短時間密集工作的專案形式等。

如何化解中年工作危機

心理學家豪布里希（Michael Haubrich）「生涯資產管理」的概念，將職涯視為財務投資而非僅是一份工作，這個生涯資產，除了個人實質的資產外，還包括個人才能、潛力、時間、家庭等等，因此需要長遠的來看它的回報率。回報率所看的不只是當下的薪水，更多是工作滿意度，是否讓你有熱情和活力，因為不平衡的工作與生活，將帶來工作耗竭的風險，讓個人降低生產力，產生壓力相關的疾病，應多加檢視，才是職涯長久之計。

即使面臨工作發展停滯、與志趣不符等中年的危機，工作上可透過增加個人的自我覺察，與自我學習來轉變現況，找回熱情或重新做選擇，立定目標。

Column

做父母喜歡的工作，當父母的乖孩子

在我們從事的行業中，或多或少都有父母的影子，尤其在華人社會裡，父母對職業的價值觀，總深刻的影響子女。你是否也處在這樣的情境中呢？念父母喜歡的科系，進入父母肯定的公司或職場，自己的想法與興趣，在選擇的過程中為了迎合雙親而必須拋棄，但你究竟在對誰負責呢？誰又能對你的快樂與滿意的人生負責呢？

案・例・故・事

小玫是三十多歲專科畢業的女生，曾經有過幾份全職工作，直到五年前母親要求她考公職後，開始半工半讀的生活。母親相當強勢，總是對小玫有很多要求，也常批評她，不論行為、談吐、外表或穿著等等，都要干涉，甚至要求小玫辭職在家用功唸書，但缺乏經濟來源的小玫，若向家裡要錢，則必須看家人的臉色，因此內心相當掙扎。

即使有兼職工作的小玫，也難以穩定維持工作，常常感受到挫折、被歧視，而想要逃離工作場所或者辭職。在親友聚會中，最怕被問及「在做什麼工作？」覺得自己很丟臉，同學都已經在工作上擔任主管，或有不錯的薪水，自己卻考試考了幾年都考不上，沒自信，自我價值也相當低落。

從家庭層面出發，小玫的自我價值在母親的教養下，經年累月的損耗，對於如何自我肯定極為困難，她的家人往往無法給予她支持，只有批評與比較，即使三十多歲她仍難有自己的想法，也難以與母親的掌控抗衡。考公職、半工半讀、住家中，經濟不穩定必須依賴家裡的支持，讓她不斷在「被母親照顧」的循環中，難以自立生存。

當個體開始生理成熟時，父母便應適時放手讓孩子成長，並給予空間讓孩子學習獨立自主，但無法放手的父母則透過處處照顧與干涉的形式，讓即使成年的孩子仍必須依賴父母的照顧而無法心理成熟，有時也影響他們經濟獨立的能力。

自我價值低落的小玫，也潛藏著對成功的恐懼，因為心理底層她難以肯定自己有能力考取公職，也容易因為生活中發生的事情而放棄近期考試，轉戰下一場考試，因而成功考取一再被延宕，讓她更加依附家庭。

一步步重建自我價值是辛苦的，小玫必須對抗母親長久以來灌輸的各種觀念與對她的貶抑，她同時需要與家庭產生距離，不論是心理距離或物理距離，讓她可以在初建自己想法時，不會立刻被摧毀殆盡。然而最重要的，是小玫必須有「自立」的渴望，唯有這股決定要成熟與脫離家庭的毅力，才能幫她導向為自己負責的人生。

公職生涯帶來的穩定感，是眾所皆知的，職場文化吹捧著政府工作是金飯碗，是最有保障的工作，整體就業環境薪資凍漲，彷彿公職是最佳最安全賺錢的選擇，然而工作有適配性，個人的興趣與喜歡的事物，並不會因為保障收入穩定而被忽略，當工作到某個程度，或進入中年階段時，內心的聲音在長年的忽略與壓抑下，會讓個人對生活產生更大的反動，或者更為抑鬱的過生活。

因此小玫的生涯課題，除了自立之外，更需要了解自己的專業與渴望、在職場上的定位為何，還有什麼樣的生活模式會令自己感到快樂與滿足，才不會在使勁考上公職後，發現這被大眾與母親描述的無比神聖的金飯碗，快速讓自己面臨工作耗竭，而後又不忍心放下花多年苦心才取得的工作，轉戰他職。

Chapter

8

人生旅程的最後階段

當人生步入中年晚期後，接著就會進入老年期。理想的老年期應該是檢收人生成果，智慧充沛，圓融飽滿的階段。但實際上，從長年的職場上退休，意味著不再是社會中堅主力，不僅生活步調、內容、秩序都需要大幅重整，心理上更可能伴隨著強烈的失落感、與凋零的哀傷感。

然而，此時期也是最容易意識到生命意義與靈性的時期，向內探索，致力於確認自我價值與生命目標，使生命最終能圓滿無憾、帶著尊嚴離去，是老年時期最重要的任務。

學·習·重·點

- ✔ 如何做好退休的心理準備？
- ✔ 退休會帶來哪些改變呢？
- ✔ 對我來說，生命的意義是什麼呢？
- ✔ 如何調適心理與生理的不適？
- ✔ 如何拋下心中怨氣，與兒孫緊密互動？
- ✔ 如何走的尊嚴，不畏死亡？
- ✔ 什麼是靈性？如何達到靈性的健康？

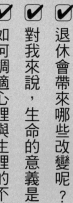

終於退休，敞開雙臂迎接新人生

和初入職場一樣，退出職場後的生活與心理轉變，同樣需要學習和適應。如何打點好其中的心理、安排生活，成為初老族必須面對的課題。

做好準備告別職場

經歷中年生涯發展的高峰與停滯期，一般人大約在六十五歲左右，來到衰退期。此時個人在職場上的發揮，將隨著個人年歲日增體力不再、而逐漸有需要減輕工作負擔的需求，接著是計畫退休階段。最後，停止原來職場的工作，轉而向家庭、休閒和社交等方面發展不同的角色，在這些活動與群體中重建自我價值與生活圈的「退休生活階段」。

從衰退階段起，職場上陸續有優秀新人輩出，取代自己的功能，一般人即會思索角色轉換、重新定位的問題，尋找下一階段的自我。在還沒退休時，在職場上該把自己

老年期發展任務

自我統整

適當規劃退休，充分了解自我，整合退休後角色。

- 生活充實，快樂退休。
- 回歸真我，安適自在。
- 含飴弄孫，享受晚年。

vs.

悲觀絕望

退休後失去重心與價值，難接納退休角色，適應困難。

- 關係疏遠，挫敗孤單。
- 物是人非，懷念往昔成就。

定位在什麼樣的角色呢？退休後，要做什麼呢？透過一次又一次的回顧過往經歷與貢獻、和自己對話，讓自己帶著榮耀走下職場舞台。而後若能在此有效規劃中順利適應晚年生涯，則能達到艾瑞克森提到的「自我統整」，在人生的下一階段更上層樓（參見P19）。

放下權力，退休生活更順利

然而，有些人面臨自己的權力開始式微，又無其他活動填滿生活時，往往倍感空虛，失去人生的方向和價值感，加上身體生理功能的衰退，而有艾瑞克森提到的「悲觀絕望」感。有些人因為不習慣自己權力下放，退休後把職場上的權力用在周遭人身上，對其發號施令，尋找權威感。這也是剛退休的人最常見的現象，而與另一半、和子女形成緊張關係。唯有透過自我覺察、或他人的提醒改變心態，讓老年生活開展得更為順利、多采多姿。

晚期生涯階段

從職場中退出進入晚年生涯可透過良好規劃與適宜的社交活動來減緩不適應的狀態，若能順利發展，便能使老年期感到榮耀與安適。

衰退 → **準備退休** → **退休生活**

衰退

權力下放及工作量減少，從職場逐漸淡出。

準備退休

過渡階段，生活重心逐漸移轉。

- 轉為領域專家，或做為諮詢顧問。
- 空出時間，參與社交活動。

退休生活

建立新的身分與自我認同。

告別舊身分
主管
上班族
迎接新身分
摯友　志工
丈夫　父親

接受與調適退休生活

到了老年，退休是順應生命週期所必經。透過撤退理論，了解年老後退出職場對個人及社會的意義，讓人在面對退休生活時，能懷抱更多期待，重建生活重心。

退休當個快樂的老年人

在心理學者康米（Elaine Cumming）和亨利（William Henry）兩人提出的「撤退理論」中認為，隨著生命週期，個人因體力、能力降低，而與社會間的關係也會逐漸脫離。因此，退休往往不單指個人從職場退出，也包括了活動力減弱，或老年朋友逐漸離世，而縮小社交圈，或從個人所屬的社會系統退出。例如從金融業的工作退休後，便斷了因工作需求與這個行業的聯繫與社交活動，從隸屬於團體撤退為個別的旁觀者。但如果能夠理解撤退在主、客觀上的必要，面對轉變加以調適，找到符合自己體力、能力及喜歡的生活方

退休是讓職場可以注入新血

老化無可避免地會降低生產力，藉撤退理論的解釋，退休不僅讓職場得以注入新的活力，也提供退休者退場的好理由。

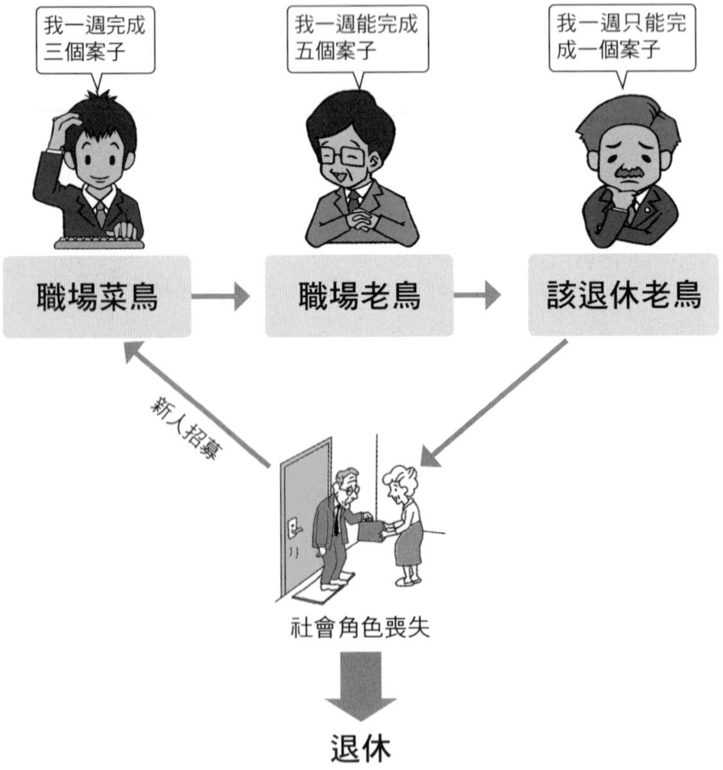
我一週完成三個案子
我一週能完成五個案子
我一週只能完成一個案子
職場菜鳥
職場老鳥
該退休老鳥
新人招募
社會角色喪失
退休

退休調適階段論

退休調適的五階段，過程因人而異，呈現退休生活可能出現的心路歷程，若能及早做好退休準備，將有助於快速進入穩定階段。

- **蜜月期**：如釋重負的輕鬆感，排滿了很多以前一直沒時間做的事，例如旅行等。
- **醒悟期**：不習慣生活型態，可能與社會關係疏離，生活走下坡，對日子失望。
- **再適應期**：重新振作，重組社交圈，從孤獨中脫離，實際規劃生活。
- **穩定期**：從心所欲不踰矩，了解自己想要的，知其利弊，生活安定下來。
- **終止期**：生理老化疾病侵襲，開始面臨死亡的威脅，終至生命結束。

式，便能開啟新一段令人嚮往、自在的退休生活。

退休必經的調適階段

退休生活並不是填滿多出的時間就好，而是要調適好心理，找出自己的興趣和生活重心，再據此規劃生活。美國社會學家阿奇利（Robert C. Atchley）根據一系列的實證研究結果提出「退休調適階段論」，他指出，剛退休時如釋重負的感覺，讓人期待美好日子的即將開展，但漸漸因失去以工作為媒介與外界互動的機會，而有社會疏離感，開始對退休生活有所醒悟，不再抱持幻想的心態。

但接著，如果能透過檢視自己，規劃出合適自己的生活方式，就能因應轉變，重新振作。並且在重複評估下，找出符合自我的生活態度、型態與興趣，就能在生理老化、病痛威脅前安定過著退休生活，直至生命終止。

生命意義

我到底是為什麼而活？

活了大半輩子，人若能在回顧過往時，對過去的付出與努力，感受到滿足與榮耀，就能覺得生命是有意義的。即使仍有未完成的夢，再一次盡己之能去實踐，也能真切地感受到圓滿的喜悅。

我以為生命的意義是？

為了讓自己清楚活著是為了什麼，而能為心中的目標努力活著，人會不停地尋找生命的意義。但什麼是人生的意義呢？奧地利精神科醫師，也是意義治療的創始者弗蘭克（Victor Frankl）認為生命意義因人、因時、因地而異，而生命意義的獲得須透過珍視某人或某事，如沉醉於藝術或與愛人相處時，彰顯出「愛的意義」；或透過實現理想的過程，感受「工作的意義」；也可能在面對無法改變的命運時，當下所產生的感受，體驗到「苦難的價值」，如在可治癒的疾病或失去親人中，找到轉圜的生命態度。因此擁有不同生命經歷的每個人，對於生命便有著不同的定義。

不過這些經驗和價值，必須在自己積極創造、用心體會的意念下，朝著一定的方向和目標，才有機會感受與獲得。若未能為自己的人生負責，便可能持續漫無標的，找不到活著的意義。

如何實現生命的終極價值？

弗蘭克認為，人活著的狀態就包含意義，意義並非一個構念，但意義需要被發覺，可從自己的所作所為中，感受到自己的付出對生命的價值。當一個人了解自己的獨特使命，為了使命可以禁得起任何考驗與挑戰，且這使命對世界能有所貢獻時，人生便有了目標和價值，值得堅定不移地朝目標前進，即使

現在對我而言，生命的意義是？

年輕階段的生命意義

從不停嘗試、經歷，尋找自我，肯定自我，來體會生命的意義。

今天要處理完這些文件，得快點才能完成。

年老階段的生命意義

會透過回顧過往的生命歷程，感受其是否圓滿了一生，來體會生命的意義。

以前我常常……。

如何找到生命的意義

生命意義可透過三種價值來彰顯，它需要被活出來，需要被看見，並透過這三個面向讓生命更豐富與美好。

體驗的價值

例 愛是人類永恆至高所渴望的目標，透過愛可以發展生命意義。

你讓我渴望變成更好的人。

創造的價值

例 參與在創造與發明中，從成果中看見美好，是工作的意義。

將這些知識散播出去，讓很多人都能看到。

苦難的價值

例 透過某種善念或美德來轉化痛苦或無法改變的情境。

你先走就不用感受我現在的痛苦了。

在人生途中遇到挫折和苦難也能正面迎對。因此到了老年，也會在肯定自己過往的努力、以及一直以來對生命或原則所持的信念下，感覺自己活得精彩，就算年老力衰，也能感到生命完整的喜悅與無憾。

人生的意義要在過程中體會，而非在目的上尋找，就如托爾斯泰曾言：「『生命是否有意義』並非一個理論上的問題，而是一個實踐的問題——如果你一直在做有意義的事，那麼你的生命就有意義；如果你一直在過罪惡且無意義的生活，你的生命就沒有意義」。即使努力實現目標，追尋生命的意義，也應該合情合理地定義道德標準、並且衡量能力所及來設定理想，才能在實踐過程中體會奉獻的美好、獲得社會回應的愉悅，而不是採取過於危險、刺激、或是低成就感的事，若因此長期處於驚恐、焦慮的狀態是無法從中認同自己的，只會為自己帶來悔恨遺憾的後果，痛苦一生。

全人觀

晚年所追求的身心靈合一

靈性是晚年生命的重要資源，持續性的靈性發展，有助老年人在晚年生活中，能與個人與內在、社會和宇宙和平共處，增加生命意義的覺察，往全人方向發展，過更有品質的生活。

何謂靈性

全人觀強調人的軀體和心靈是密不可分的，也與宇宙、天地與自身所處的社會脈絡緊連在一起。身、心、靈即為生命的三大成分。身體除了健康的追求外，還延伸到有形的成就，如財富等；心智則表現在知識、情感，一個人若為某領域的專家，除彰顯他有豐富的知識外，也可能有良好的人際網絡；「靈性」則是一種人生觀、價值觀，及哲學觀，是構成人的信念體系，影響個人生活的態度與行為，而做出有意義的行動。榮格認為到了六十歲後，人們對於靈性的需求和覺察將隨年齡增高，願意對人生反省的老人，尋找與實踐生命意義

身心靈合一的實踐方法

身心靈是生命的重要組成，各自扮演重要角色，透過人生使命的覺醒，配合心智和身體的運行，將能為自己與為社會帶來更富足的結果。

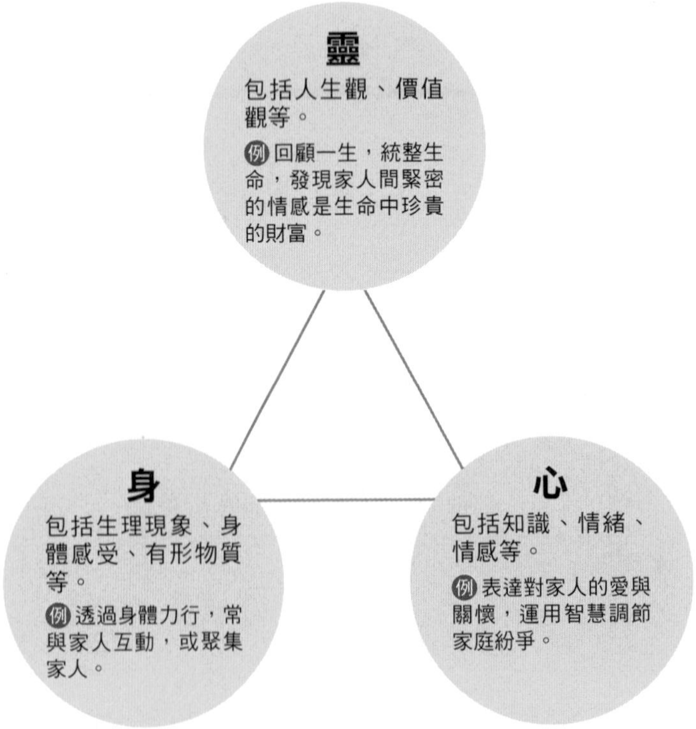
靈
包括人生觀、價值觀等。
例 回顧一生，統整生命，發現家人間緊密的情感是生命中珍貴的財富。
身
包括生理現象、身體感受、有形物質等。
例 透過身體力行，常與家人互動，或聚集家人。
心
包括知識、情緒、情感等。
例 表達對家人的愛與關懷，運用智慧調節家庭紛爭。

我有健康的靈性嗎？

靈性的感受是指當個人清楚生命意義時，即使身體或外在受困，仍能感受生命的曙光，但價值體系混淆時，即使身體健全卻仍對生命感到困頓。

	靈性健康的想法	靈性困擾的想法
與宇宙（神性）的關係	敬仰奧祕的宇宙或神等全能的力量。	這些神祕的力量都是騙人的，對生命一點幫助都沒有。
與個人的關係	了解生命意義、目的與價值。	我的一生就這樣結束吧，一點成就與價值都沒有。
與人際間的關係	與人際互動和諧、深刻交往。	我身旁這些人，不過是要我的錢罷了，毫無感情可言。
與環境的關係	尊敬天地，關懷環境，與大自然和平共處。	反正我都要走了，地球要滅亡也不關我的事。

者，將有更高的靈性智慧。

靈性的健康

靈性的健康是指靈性的和諧安適狀態，當靈性安適，即使個人遭遇苦難也能探尋生命意義，擁有清晰的世界觀與價值觀，會堅持信念與行動，與自我、他人和環境有良好的互動；但當個人感到靈性困擾時，則難以與外界連結，價值觀易受到衝擊，對世界感到混亂或失望，人生失去目標與意義。若年老時，有靈性上的困擾，將難以幫助老人統整自我，而無法完成艾瑞克森的心理社會發展任務，感到絕望、茫然且在悔恨中度過餘生。

研究指出靈性健康與身心健康息息相關，許多醫療系統引進靈性照護，來幫助患者在養病過程中，也能靈性成長，當個人得以找到信仰系統，並與自己和平共處時，將能減少憂鬱與身體的病痛。

當心理和生理不適一起來糾纏

老年階段的身體狀況，常出現老化與疾病共同出現的複雜現象，導致老人面臨身體與心理同時感到不適的情況，此時必須對「老」有正向認知和接受老化，以助老年生活的適應。

老來常有的生、心理問題

老年身心出現問題時，常伴隨著老化與疾病的現象，常跨越多個器官組織，是多重複雜的病況，常有共病或合併（如糖尿病與腎臟病）、併發（糖尿病的併發症，如中風）、累積與加成的情況，以慢性疾病居多，難以痊癒，僅能以藥物控制。

老年人在疾病之外，常併有不等程度的生活功能剝奪，例如無法維持生活自主性；或其他感官缺憾，例如失智、行動不便等情況，需要依賴他人生活，將使老人感到壓力與羞愧，在疾病的折騰下，過往為人長輩的尊嚴也難以健全，容易出現久病憂鬱的情形，甚至併發

老年身心狀態　老年人的身體與心理受到老化與疾病的相互影響，因此共構出來的身心狀態相當複雜。

身體生理狀態
身體功能衰退，動作緩慢。
疾病出現，如糖尿病、高血壓、中風等。
這裡痛、那裡也痛，不中用了…
心理狀態
因病痛折騰，對健康感到憂心。
自己必須依賴他人照料，而感到羞愧，或失去尊嚴。

年老患病的調適

透過身體力行、生命意義與人際關係的三方努力，將有助於老年人成功適應老化，有更豐富的老年生活。

調整生活型態

- 注重飲食保健及運動，對抗老化。
- 作息調整，穩定生活步調。

促進人際關係發展

- 透過人際交流，獲得情緒支持。
- 人際交流帶來更多刺激，能延緩退化。

找出生命意義

- 穩定生命的方向與目標，如以養生保健、延長壽命為目標。
- 統整生命，對一生感到滿足。

心理方面的疾病，使老年生活更加困難。

該怎麼調適呢？

當年老患病時，控制與穩定身心狀況極為重要，除了從飲食習慣和生活習慣著手之外，重要的是對於心理狀況的調適，包括需調適對體力和身體功能下降、社交活動減少等，感到失落的心情。

了解老化的現象、接受老化的現況，是面對老年疾病很重要的心理準備；接著，鞏固社會支持系統，對於老年人的情緒有很大的幫助，是否有人陪伴，有人傾聽，可避免老人在孤單時不斷陷入負面認知中，也可避免老人因太少動腦而智力快速退化。再來，找到生命意義與價值，可有效幫助老人延長壽命，並維持身心的穩定，透過生命回顧來看到自己存在的價值，幫助個人自我統整，以找到活著的下一個目標與方向。

解開心結

積怨已久，如何撫平

為何結褵三、四十年的夫妻會到老年反目成仇，一一翻開陳年舊帳，而引起家庭風暴呢？這樣「晚年叛逆」的行為，其實是人內在深層對自由與做自己的渴望。

老年夫妻的問題大釋放

若有一直未解決的「未竟事宜」（參見P48），累積在心中長達數十年之久，有人會選擇在晚年一次爆發。中年時出現的空巢期是夫妻關係的顯影劑，讓問題在婚姻關係中無所遁形，過去為了維持和諧家庭的表象，或者不讓孩子們在不健全的家庭下成長，有些夫妻會將過去隱忍許久的心結，在此時孩子離家後便選擇離婚。

但有些極為傳統的夫妻，若是奉父母之命結婚者，也不一定是在空巢期將衝突白熱化，反而選擇在自己的父親或母親離世、束縛自己的外在力量消失後，開始「順從己意」，將陳年舊帳一一翻出。父母如天如地的形象，對這類老人的影響甚遠，因此當為人子女的這層關係不再時，老人終於可以做自己，也會一反常態地爭取屬於自己的權益和自由。因此，老年夫妻關係中許多「潛藏已久」的問題，多是在此階段浮上枱面。

渴望自由的老年叛逆

華人講究家庭關係與和諧的民族性，讓許多人在家庭生活中並不一定快樂和幸福，他們經常是為了迎合某些人或事，必須將自己的想法消音、壓抑。一直到了晚年，孩子大了，也成為家中最年長的長輩時，終於可以順從己意，但因此舉與過去習慣隱忍的樣子不同，而往往引來周遭人的不滿與批評，尤其易與結褵三、四十年的老伴產生衝突。面子問題也是華人家庭長期以來的桎梏，為了家庭形象，他們忍受著貌合神離的婚姻，名存實亡的夫妻關係，一直到晚年才發現維持社會肯定與認同的表象，實際上帶給自己莫大的痛苦，而反向地選擇放棄一切。

由於死亡的逼近感，促使他們去正視自己真正的想法，所以老年叛逆的強度，往往勝過青少年、甚至其他年齡。而身為他們的家人，除了需要去理解，也必須能體會他們這輩子所承受的辛苦與委屈，並非「習慣」二字即可取代，接納與幫助他們完成生命最後階段的心願，也可以讓他們最後過著無憾的人生。

為什麼老年反而叛逆？

老頑童的現象是有其文化脈絡的，為家庭付出與維持角色功能，常難以表現真實的自我，長期的壓抑讓人到生命晚年開始渴望自由，做真正的自己。

青壯年期：孩子嗷嗷待哺、長輩在世

為維護家庭或扮演好角色，隱忍而積累心中的不滿。

為了孩子，再辛苦我都要忍耐！

做為好太太、好媽媽、好女兒。

為了撐起這個家，拼了命也要工作賺錢。

做為好老公、好爸爸、好兒子。

中老年期：孩子離家、長輩過世

不受父母拘束，渴望做自己，因此易出現一反常態的作為，如活躍的社交活動、與伴侶強烈爭執、拒絕兒女的安排等。

我要和朋友去玩棋了～
以前你都不管孩子，害我這麼命苦！

老年之愛

老年的情感需求與心理

情感的需求與情慾的彰顯，在老年階段依然存在。若能健康看待性需求，喪偶者能談上一場戀愛，不僅滿足需求也調適因病痛感到憂心的生活，對身、心、靈的整合便有莫大的幫助。

人老了，就不能談戀愛嗎？

只要身體健康的情況下，老年人中仍有九成高的比例有持續的性活動。馬斯特（William Master）和詹森（Virginia Johnson）的研究就指出人類的性反應並不會到了某一年齡時突然消失，且能持續到七十或八十歲以後。因此只要身體健康，性的活動可以持續一生。

只是多數人、包括老人自己對情慾的看法，往往帶著罪惡或羞恥感。喪偶的老人再談戀愛，常未能受到孩子的肯定和認同，可能因孩子對逝去的父或母親懷有更高的忠誠度，或者仍在哀傷之中，難以接受；另外，可能是財產分配的問題，若老人再婚，子女將面臨家產

恩愛的老年伴侶

老伴阿～陽台上的花開得好漂亮！
嗯～對啊！

- 兩人能適切表達感受、正向的親密接觸，使得身體、心理與精神層面都有所支持，相對親密。
- 情慾需求滿意度高，對晚年生活更有信心。

需與「外人」分享的困境。

老年情事如何面對？

老年人往往不敢大方表達對愛、性的需求，在一般社會觀感中，老人應該清心寡欲，使得老人易對性有迷思，而壓抑自己。刻意停止性生活，將造成性功能失調而產生失落、哀傷等負面情緒。因此老年人應發展正向的性態度來面對生理需求，因為「性」在馬斯洛的需求理論當中，乃是人類之基本生理需要，滿足了，才能使生命更加完整。

要解開老人給自己的枷鎖，除了自己願意打開心結外，更需要的是家人的認同與鼓勵。家人應多為喪偶老人著想，體會他們的情感需求。老年人的孤單感會比青年人更加倍，因為他們沒有工作可分心，也沒有廣大的社交圈可依賴。晚年生活如有相互扶持的伴侶，將能提振生命的活力、和被需求的存在感。

表達愛的老人更健康有活力

外界及家人對老年人仍存有情慾，通常感到不解或反對，因此他們會以壓抑情感或刻意排斥來面對，導致身心靈都無法滿足。

冷淡的老先生或老太太

- 與子女同住，顧及子女觀感，壓抑情慾。
- 認為身為長輩，表達情愛有失莊重。

唉呀～都老了，別講這個。
老伴，你不愛我了嗎？

喪偶的老先生或老太太

- 外界多認為老人無性，應修身養性，導致老年人對自己有情慾感到罪惡與羞恥。
- 子女對離世者忠誠，很難接受在世父或母的新歡。

人家會覺得我老不休。
要低調點，人家才不會說我不守婦道。

正視死亡

如何面對死亡

年邁後，聽聞關於死亡的機會增加，加上自己病痛纏身，死亡腳步逼近，都讓人不得不正視死亡的存在，試著透過正向的態度面對死亡，將能幫助晚年活在當下，積極地過日子。

身邊的人一個個少了

人到了中年後，會收到愈來愈多某某人死亡的訊息，可能遇到父母或其他長輩離世，或某個朋友生病且難以痊癒。老年之後，無可避免必須面臨伴侶的離世，讓人傷心欲絕，而對生活帶來重大衝擊，兩人世界變成形單影隻，可能變得更依賴家人、不願和外界互動等，也會覺得被拋棄，因此想跟著一起離開，此時若親子關係疏離，老年人的適應之路將會更加漫長。

白髮人送黑髮人的悲劇也時有所聞。哀慟的心情，以及在習俗喪禮上並不允許觀禮或掉淚，因為這更顯得孩子不孝，都讓老人的悲傷感難以釋放，更容易憂鬱。

如何面對死亡

死亡向來是東方文化裡最忌諱的議題，不能公開談論也讓人害怕去碰觸。多數老人拒絕承認即將到來的死亡，沈溺於目前的自我滿足，或者消極地得過且過。

然而當老人在面對死亡時，最害怕的不全然是自己去世，他同時也害怕過世後引發一連串家庭的問題，如孩子失親的哀傷，孩子爭產的問題，或者無人繼承家業等，因此與家人談論死亡，以及交代後事是必要的。一方面幫助孩子面對有一天父母會離開，讓他們在父母離開時不會驚慌失措，不知道如何安排儀式等，也讓孩子在執行的過程中心安理得，知道自己是順從逝者的心願；一方面也幫助老人自己訂立遺囑，讓自己對未來有更明確的規劃，也讓自己離世時可以安詳與尊嚴。當然若情況允許，舉行「生前告別式」也可以幫助老人完整回顧自己，透過對他人表達自己的想法和感受，也透過他人給予的回應，讓怨恨或感激在儀式中表達與和解，更豁達的看待死亡。

健全心理發展的老人必須面對死亡的事實，超越現時、現地的自我，了解生與死之必然性，成功地適應對死亡的預期與準備，而能夠享受生命後面階段的美好，並妥善安排自己的後事。唯有正視死亡的可能性，才能認真活在當下的每一刻，進而體會每一個生命經驗都有其獨特的意義。

面對死亡的積極做法

死亡的靠近，需要從態度和行為層面著手，積極的規劃和行動，讓自己和身旁的人都做好準備，避免突如其來的死亡留下彼此的遺憾。

正視死亡

例 接受死亡是生命的過程。

→ 珍惜與活在當下，繼續追求生命的意義。

交代後事

例 喪禮儀式的選擇、葬在哪裡。

如果哪天我病危，要放棄急救，幫我將骨灰灑到大海去。

→ 避免死後兒女不知所措，讓自己安心，也讓兒女能按照自己想要的方式安排後事。

訂立遺囑

例 做好財產和遺物分配。

→ 避免死後，兒女爭產，更為自己保有尊嚴。

生前告別式

例 邀請親朋好友對自己說出想說還沒說的話，與親友好好告別。

→ 讓親友們有心理準備，也讓自己和他們都將想說的話說出來，避免留下悔恨。

退休回歸家庭：親情圍繞，心不孤單

人生的階段，從結婚生子，到培育孩子長大，孩子隨之成家立業後，夫妻倆有了更多獨處的時間，空巢期家庭的夫妻若能互相扶持，摩擦與衝突將可避免。但到了退休年紀，其中一方離開人世後，生命樣貌將再度截然不同。喪偶的一方除了孤單、失落之外，夫或妻的離世，將成為家庭關係的顯影劑，清楚呈現親子間的親疏。

以「天倫之旅（Everybody's fine）」這部電影為例。

劇・情・大・要

法蘭克從保險公司退休後，便與妻子共同過著平淡的生活，擔任資深副總裁的他，退休後頓時發現接任的人對於他過往的貢獻不以為然，甚至許多寫著他名字的箱子都被丟棄，不再有以往職場上的輝煌感。有天返家時，妻子突然過世，巨大的衝擊下，他頓失人生方向，獨自過著孤獨的日子。

在某一次節日中，他決定擔負起過去妻子的角色，邀請散居美國各地的孩子們返家，烹煮大餐、裝飾房子，但孩子卻以一通通電話告知因為有事無法回家，讓他決定提著行李一一拜訪他們。

然而在他造訪孩子時，卻感受到每個孩子對他都有所隱瞞，並不如他們以往所說的幸福或有所成就。終於在他心臟病發時，所有的孩子才聚集來到病塌前，這讓他意識到過去對孩子的完美要求，讓他們不得以善意的謊言來欺騙他，也終於了解何以孩子總拒他於千里之外，這也讓他重新思考什麼才是人生最重要的。

「退休」並非一瞬間即可接納的生活狀態與角色認同。一開始空閒下來的生活，讓法蘭克回想起職場二十多年的貢獻，也仍期待接任的人可能會需要他的協助，但卻發現回到公司，受到冷落與打發，多年來對公司的投注，就像那一箱箱準備丟棄的資料，不再有價值也不再被重視，似乎什麼都沒有留下。此因退休而喪失社會角色，是老化必經的路程（參見P166），也是人重新回歸家庭、回歸真我、尋找生命意義的契機。因此退休者可在面對老化衰退的事實後，如法蘭克重新將重心投注在家庭與親子關係上，來重建生活重心。

以法蘭克的例子，在退休適應歷程並不順遂，但也點出許多於職場退休者容易遭遇的困境。因此應在退休前為老年生活做好長遠的規劃，好讓自己晚年能成為擁有穩定重心、社交圈與活動且身心健康的老年人。

就家庭面而言，從劇中可以看到許多傳統父親扮演嚴父的角色，管教孩子「應該」有什麼行為、成就等，這些加諸在孩子身上的期許，卻演變成他們只願報喜不報憂，難以與父親真實對話的窘境。家庭的祕密多數出於善意，卻往往最傷人，當家庭無法將事情扶上枱面真實溝通，則使家庭關係愈來愈疏遠，到最後家人間根本無法對話，一來是不知道該討論什麼內容，另一則是隱藏在話語底下的情緒往往難以舒展，「為什麼不告訴我？」「你們還重視我嗎？」等等沈重的情緒，讓家人充滿壓力，因此很多話就被隱藏不說了。

法蘭克的例子即說出多數男性在年老且伴侶去世後，即使努力扮演慈母角色，仍有難以重新拉近與孩子距離的困境。因此值得令人深思，我們對孩子的期待是否在滿足自己的慾望呢？孩子與自己是獨立的個體，應避免透過孩子的成就來評定自己是成功的父母。

Chapter

9

心理疾病的認識

生命是長期累積的歷程，成年後出現的心理特徵、和發展問題，絕大多數都與早期成長過程中受到的傷害、與未被滿足的經驗有關。對每個人來說，那些身不由己之下形成的傷害，必須隨著自己的成長，有意識地經過自我探索、覺察、修正後，讓自己擺脫過去的陰影，做回自主的主人。而過去不愉快的經驗造成現在心理難關，也可以在自己的覺察改變之後坦然以對，發現自己沒那麼糟、同時也接受不完美的自己。

然而，要打開長年糾纏的心結，尤其是隱藏在極為深層的潛意識裡、自己也不察的問題，是當事人力所未迨的，這時就必須藉助專業人員的協助。不過詢求專業前，還必須要當事人、或家人朋友察覺病徵，抱持平常心的態度面對就醫、或心理諮商。要能不讓當事人排拒、或周遭人因不了解心理問題而反應過度，對心理疾病具備基礎了解，會是最好的起點。

學·習·重·點

- ☑ 什麼是健康的心理？
- ☑ 什麼時候需要心理諮商？
- ☑ 可協助改善心理問題的機構有哪些？
- ☑ 有哪些成人常見的心理疾病？
- ☑ 人格也會生病，認識人格疾患。

什麼樣的心理狀態才算健康？

心理是否健康可透過個人內在與外在世界的和諧度、以及對過去、未來的依賴程度來評估。而這些表現可看出一個人對生活能否適應，因此可說，若生活上無法適應良好，心理就易不健康。

我能「適應」嗎？

一個人能否適應生活，將影響其心理健康。最具代表性的精神分析理論心理學家佛洛伊德，對「適應」做了最基本的解釋，說明能適應的人是指有能力去愛人、去工作、對社會有所付出，沒有異常疾病的人。而認知論心理學家艾理斯則說，合乎邏輯的、理性的思維模式，是判別「適應」良好的指標，具適應力的人不會被不合理的信念困擾生活，如「我一定要被周遭所有的人喜歡」，因為這是沒有任何人辦得到的。

人本論心理學家馬斯洛更說明了，達到自我實現的人擁有了高層次的適應能力，因為這樣的人有清

我適應生活嗎？

不同心理論點分別定義了良好的適應是什麼，雖然說法不同，但都指向一種對生活的控制感，有足夠的能力去掌控並調適。

很好，你沒有異常的症狀，適應得不錯！
精神分析學者
佛洛伊德

你能明辨是非，清楚覺知自己與他人的互動方式，而能適應生活。
人本論學者
馬斯洛

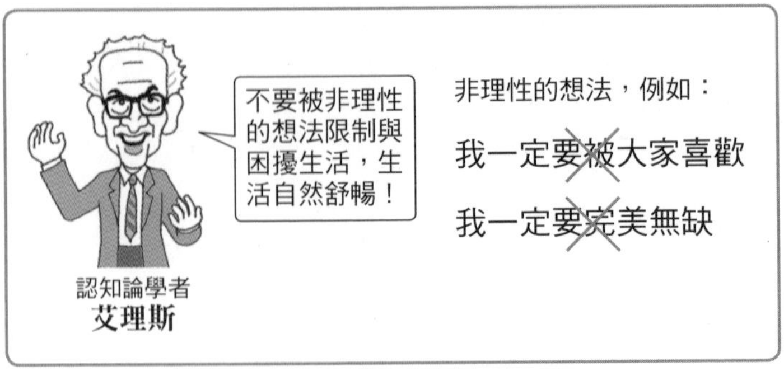
不要被非理性的想法限制與困擾生活，生活自然舒暢！
非理性的想法，例如：
我一定要被大家喜歡
我一定要完美無缺
認知論學者
艾理斯

心理健康的基本特性

評估心理是否健康，可透過五個向度的觀點來了解自己內、外在世界的和諧度，是否會沈溺於過去、現實感是否符合大環境等。

五向度評估心理健康
能在過去、現在與未來之間達成平衡
記取過去經驗，但不會沈溺。
以當下生活為重心。
能展望、策劃、期待未來。
能自我覺察和表達情緒
能感受自己的各種情緒、並且真實地表達。
有和諧的人際關係
能向他人適度表達自己，能建立親密互動。
有意義地工作
能對工作投入熱情、且不斷自我挑戰，讓自己獲得成就感。
具符合客觀環境的現實感
可客觀、實際地判斷大環境，而不與社會脫節。

晰的洞見、分辨真偽的能力，而免於威脅和焦慮的影響。

心理健不健康？

「心理健康」的人具有發展成熟智慧的能力，能在不同的環境適應良好。他們與現實生活有良好的接觸，在情緒上可以保持平衡與和諧，具有樂觀、自信與信任他人的生活態度，也能具備適應社會的行為表現，有足夠的能力去發展獨立自主的個性與發揮個人潛能。

相對地，「心理不健康」的人往往在感受、思考或行為能力上有不成熟、與現實生活脫節，無法符合社會環境基本的期待，或者出現偏差行為等現象。在情緒表現上也不穩定，在生活態度上傾向於消極、懷疑或焦慮等，無法獨立生活，常仰賴他人的協助，造成生活層面許多的困難，亦影響個人能力的發展。

何時需要心理諮商？

當與自己、他人和社會的關係感覺失衡，生活不再滿意時，便可透過心理諮商幫助自己一步步探索問題的根源，調整內在想法與行為模式，來改善現狀。

內心痛苦時，便可尋求協助

當自己感到痛苦、他人感受到被影響的痛苦，以及對自己、他人、社會造成影響或傷害時，就表示有接受心理諮商的需要。通常自己的痛苦來自於認知、情緒和行為三部分：①在認知上出現不合理的想法，極度要求事情「非如此不可」，或者怪異的思維等；②在情緒上感受到憂鬱、焦慮或有明顯不穩定的波動，導致易怒、或容易與人發生衝突；③在行為上出現不恰當、難以控制的行徑，或者長期失眠，失去活力無精打采，或者出現自傷、傷人的舉動。

此外當外界壓力因素進入生活時，也會讓人內心痛苦，如喪親或

進行心理諮商的基本環境

諮商過程能幫助個案在有專人引導及隱私保障的環境下會談和成長，並透過此機制練習所學應用到日常生活中，改善心理問題。

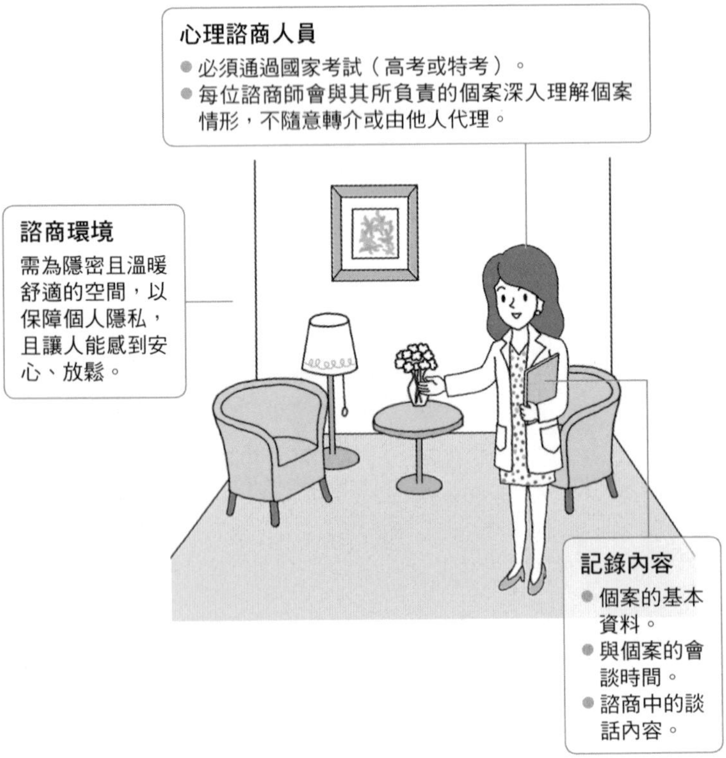
心理諮商人員
● 必須通過國家考試（高考或特考）。
● 每位諮商師會與其所負責的個案深入理解個案情形，不隨意轉介或由他人代理。
諮商環境
需為隱密且溫暖舒適的空間，以保障個人隱私，且讓人能感到安心、放鬆。
記錄內容
● 個案的基本資料。
● 與個案的會談時間。
● 諮商中的談話內容。

心理資源管道

在台灣有諮商心理師與臨床心理師可以提供心理相關服務，他們通常在醫院或公私立機構的心理諮商中心提供服務，精神藥物則需要由精神科醫師來診斷與開藥。

機構	主要服務內容	服務對象
醫院 例如：馬偕紀念醫院（附屬協談中心）、嘉義基督教醫院（附屬協談中心）	通常心理與精神相關疾病會被轉介到精神科，精神科醫師視情況轉介給心理師進行心理評鑑或治療，有些醫院則有附屬協談中心。	一般大眾皆可預約。
心理衛生中心 例如：士林區心理衛生中心	健保給付，每次三十分鐘，視個案情況費用為五十到三百元之間。	一般大眾皆可預約。
心理諮商所 例如：呂旭立心理諮商中心、華人心理發展基金會	除了提供心理諮商、團體諮商外，也提供心理成長課程，幫助自我成長或關係療癒。心理諮商依據心理師的專長與經驗而有收費上差異，通常是一小時一千兩百元到四千元不等。	一般大眾皆可預約心理諮商，或參加講座課程，有更多專業課程也提供給心理相關從業人員。
學校輔導中心／諮商中心	提供心理諮商、團體諮商，也提供自我認識課程，或者抒壓課程，也有學生志工的訓練課程。	專門提供給於大專院校學生與就職的教職員，或者與其相關的家人、伴侶等。
社福機構 例如：勵馨社會福利基金會	除了提供社會弱勢族群的協助和安置外，也提供特殊議題心理諮商，如青少年、家暴等等，有些有免費心理諮商資源。	受特殊議題困擾的個案，如家暴、性侵、同性戀、未婚懷孕…等。
電話諮商 例如：張老師生命線、馬偕醫院平安線、1995協助專線	由受過心理訓練的志工提供服務。	一般大眾皆可撥打。

天災，這些徵兆都需留意與關注。大多數人可能會找信任的親友傾吐，但許多人可能是連說都說不出口、導致長期積壓，或聽者無法給予適當反饋時，都會使問題可能更加難解，此時尋找專業從業人員是比較妥適的做法。

什麼是心理諮商？

當個人透過專業人員釐清心理問題，就稱為「心理諮商」。在當事人與心理師就個案進行互動時，通常會是在特定的、具有一定規範、架構的合格場所中進行談話，以降低當事人對環境的陌生感。

諮商過程如同訂立「需要改變」的契約，由雙方共同努力來達到「改變思維模式」、「減輕痛苦情緒」、「降低困擾行為」的目標。過程中主要以談話的方式進行，雖然個案可能會希望心理師給予指導或建議來改善現狀，但心理師的任務是要協助當事人在諮商過程中一層層剝開迷障，逐漸看清問題所在，使當事人最終能自己覺察、並產生改變的動力。心理師以一步步的計畫輔助、順勢引導，來達到當事人改變自己的目的，而非僅提供短時間、現況的解決辦法。

如何開墾心田？

心理諮商是一個開墾心田的過程。當個案意識到自己需要治療，往往是在身心狀況與社會關係上出現極大的困難，內心狀態一片荒蕪，渴望被滋潤。但心理師必須經過下面步驟，才有辦法達到個案渴望的結果：第一步：移除石頭，個案充滿防衛或擾人的舊習，像石頭阻礙發展，必須一個個挪走；第二步：鬆動土壤，堅硬的石頭沒了，土壤被翻攪過，個案內在開始鬆動，願意開始調整；第三步：散播種子，一起訂定改變的方向；第四步：灌溉施肥：在足夠的支持與鼓勵下，個案執行改變，並不斷練習來確認及鞏固改變；最後一步：發芽茁壯，看見改變成效，並開始有能力去滋養別人。不過常見的是，個案會急於看見成效，而要求心理師帶他直接走到最後一步，因此當諮商師還在處理他的抗拒時，個案易覺得無效而離開，使得諮商必須再進到第二次或更多次的開墾過程，累積改變，個案才能有所成長。因此個案必需對諮商有正確的期待，才能避免勞心傷財。

INFO 諮商外的其他治療方式

目前諮商除了談話之外，也會透過沙遊治療、遊戲治療、藝術治療或冒險治療等方式替代單純談話的模式。有些個案受限於詞彙或語言能力，可透過遊戲或繪畫來表達內在感受與想法，以幫助不同年齡層與不同需求的個案。

心理諮商的過程

透過心理師與個案的互動，在諮商的五個階段中逐漸探索、覺察、改變，雙方都需要從中付出努力，才能達成目標。

進入諮商

了解個案整體家庭背景與生活脈絡。

心理師：家裡有哪些人呢？

個案：我家有…他們是…的人

心理師問我好多問題，到底有沒有效啊？

初始

與個案建立信任關係，並設定諮商方向。

心理師：你覺得怎麼樣算改善呢？

個案：我想要改善跟父親的關係

我開始比較相信他了，但總覺得改變的路好漫長。

覺察

評估與觀察個案在諮商過程中的反應與行為類型。

心理師：我發現母親的苦讓你對父親很不諒解

個案：每次看到母親很辛苦的工作都很不捨…

天哪！每發現一些自己都讓我好震驚！

行動

修正個案先前的認知並幫助他學習重新看待，讓他針對問題設定改變目標。

心理師：你們聊些什麼呢？聊了感覺如何呢？

個案：今天試著跟父親說話，但真的好難超過三句…

我終於有些行動了，但真的很痛苦。

結束

結束諮商的關係。

心理師：這八次以來我們談了你與父親的互動…

個案：我開始比較能自在地與父親獨處…

經過一些日子的嘗試，我終於突破障礙了，還好心理師一直在旁支持跟鼓勵我。

如何判斷心理生病了？

心理的複雜深邃，使得心理問題的診斷必須採取多方的理解角度。了解精神醫療體系如何進行診斷，有助心理疾病發生時，能對自己或家人的狀況有初步認識。

心理問題需從多角度找原因

在醫學研究尚未開展前，遠古時代的人認為心理疾病是上帝的懲罰導致被邪靈附身，以「超自然模式」來解釋。直到醫學有系統地發展後，專家們才以「醫學模式」解釋，心理異常是因組織病變造成身體疾病而引發。而到了二十世紀佛洛伊德後，在生理上加入了早期發展的因素，以「性心理發展模式」解釋幼年的心理創傷經驗與性焦慮會影響心理發展。

後來，學者們也分別以個人不同的外在表現、或所處環境來解釋心理異常的導因。例如以「行為模式」說明異常行為是透過學習產生連結而來；以「認知模式」解釋個人對事件的想法和解釋的方式，均會影響心理健康，因此負向思考容易引發焦慮、甚至形成心理疾病；此外，也有以「家庭系統模式」說明個人的心理疾病可能是家庭系統出現問題所導致的。

這些不同角度的解釋，讓現代人看待心理疾病，除了從生物觀點中生理和神經傳導因素外，也會考量到個人的想法、行為以及外在環境因素等，透過層層抽絲剝繭，才能直搗問題核心。

心理疾病的診斷方式及困難

由於心理疾病通常涉及個人成長、環境、人格特質，甚至遺傳因素等，要釐清心理異常的原因，相當不易。在精神醫學中，通常會按步驟，將個案的狀況加以分類，從診斷個案臨床症狀或是否有人格疾患（參見P202），再歸納個案整體的生理、心理問題的嚴重性和社會狀況（如人際關係、經濟能力等），以全面性地評估治療方向和目標。

診斷過程中，心理從業人員也會透過提供給專業人員診斷用的手冊協助確診，手冊中詳細列出各種疾病的症狀，讓判斷可以更縝密。隨著科技與醫學進步，腦科學的探索、以及愈來愈多的研究統計，也會逐漸修改過去對疾病定義不足之處，或者刪除、增加某些疾病，目前也已發展到「心理疾病的診斷及統計第五版」DSM-V的階段，來提供更準確的診斷依據。

心理疾病的全面性評估

在精神醫學中通常透過五軸來評估個案的情形，給予治療整體方向，也可透過這些軸向來檢視個案身心上所承受的壓力，透過治療或調整然後再度評估是否有所改善。

第一軸

描述個案的臨床症狀，包括心理障礙或心理因素的各種症狀。

例 依據個案描述，個案有幻聽、妄想、思考緩慢等情形。

診斷患有精神分裂症。

第二軸

記錄個案是否有人格障礙或智能障礙，造成整體行為失常的人格問題。

例 個案發病前仍在上大學，也未有失常的人格問題。

性格與智商正常。

第三軸

記錄與臨床症狀有關的生理疾病或醫療情形。

例 個案持續服藥，因此有嗜睡和便秘的副作用。

可視個案情形調整藥物以改善副作用。（註：不可隨意停藥）

第四軸

記錄個案的生活狀態與周遭環境，是否有重大事件、經濟、社交或法律等問題。

例 父親一年前過世，母親獨力扶養個案，且個案未有收入。

須安排與母親談話，同時了解母親身心狀況，提供適時協助。

第五軸

整體評量，記錄個案在社會上的整體表現，是否有症狀或功能運作是否正常。

例 社交上產生困難，因為症狀導致喪失工作，母親因照顧她而兩頭奔波。

除用藥外，仍須導入社會資源來協助，可轉介醫院社工單位。

常見
心理疾病①

經常心情不好，我有憂鬱症嗎？

憂鬱症的危險性在於它常與「自殺」連結，因為憂鬱帶來的無望感容易讓人走上絕路，若能正視並治療此疾病，多數人仍可擺脫情緒的困擾，恢復正常生活。

憂鬱症的判斷方式

憂鬱症是一種心情疾病，也就是情緒生病了，根據世界衛生組織統計，女性一生中至少得到一次憂鬱症的機率是二十五%，男性是十五%。不過，憂鬱症所表現的心情並非只有憂鬱，有時也會以激動或憤怒表現。此外，並非心情不好就是憂鬱症，它必須長達三個月且情緒強度明顯不見好轉，才可能是憂鬱症。

這樣的人心中常會感到悲傷、對外界活動感到興趣缺缺且失去活力、加上精神狀態不佳可能導致難以入睡或嗜睡、時而激動卻又遲緩，也因對自己無價值感、過度感到罪惡而反覆想到死亡，易產生自

憂鬱症的症狀

從情緒、動機、身體、行為和認知面來看，若有當中描述的狀況持續至少兩週以上，未感覺好轉，則可能已罹患憂鬱症。

動機面
對外界活動喪失樂趣，感覺疲憊、沒有活力。

身體面
- 體重在一個月內莫名變化超過五%。
- 無法入睡或嗜睡。

認知面
- 無價值感，反覆想到死亡。
- 過度感到罪惡。
- 思考、判斷或專注力降低。

行為面
- 容易激動。
- 行動遲緩。

情緒面
情緒憂鬱，感到悲傷、痛苦、消沈等不愉快的情緒。

朋友聚會有什麼好玩？
一點都不想起床上班。
看個報告都感到無法專注。
我每天都覺得心情好差。
小事情就讓我爆怒。

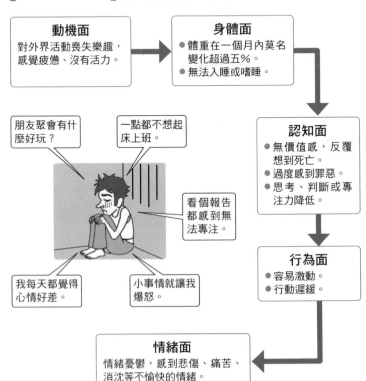

台灣人憂鬱症量表

一般成年人可以透過此量表的使用，回想過去兩週是否有其中描述的情形，來判斷自己的心情是否陷入，如情況較為強烈，則建議就醫透過專業就醫或諮詢來幫助自己，避免更嚴重的問題產生。

以下的表現情形，沒有或極少、每週1天以下→0分；有時候、每週1～2天→1分；時常、每週3～4天→2分；常常或總是、每週5～7天→3分。

1. 我常常覺得想哭	___分	10. 我覺得記憶力不好	___分
2. 我覺得心情不好	___分	11. 我覺得做事無法專心	___分
3. 我覺得比以前容易發脾氣	___分	12. 我覺得想事情或做事時，比平常要緩慢	___分
4. 我睡不好	___分	13. 我覺得比以前較沒信心	___分
5. 我覺得不想吃東西	___分	14. 我覺得比較會往壞處想	___分
6. 我覺得胸口悶悶的（心肝頭或胸坎綁綁）	___分	15. 我覺得想不開、甚至想死	___分
7. 我覺得不輕鬆、不舒服、不爽快	___分	16. 我覺得對什麼事都失去興趣	___分
8. 我覺得身體疲勞虛弱、無力（身體很虛、沒力氣、元氣及體力）	___分	17. 我覺得身體不舒服（如頭痛、頭暈、心悸或肚子不舒服…等）	___分
9. 我覺得很煩	___分	18. 我覺得自己很沒用	___分

得分說明

- **8分以下**：壓力調節得很好，情緒也相當穩定。
- **9～14分**：情緒有些起伏，壓力有點大，多了解心情變化原因，以避免憂鬱情緒。
- **15～18分**：目前有許多壓力並且感到沈重，快到壓力臨界點的感覺，要為自己找到抒壓出口，卸下重擔，以避免情況惡化，演變成憂鬱症。
- **19～28分**：壓力過大，已經難以感到開心，已經有憂鬱症的情形，最好能尋求專業協助，才能再度回歸快樂生活。
- **29分以上**：心情極度難受、沮喪，生活失去興趣，身體極不舒服，已經被憂鬱症困擾好一陣子了，請趕緊找專業及可信賴的醫師進行檢查與治療。

殺的意念。

走出憂鬱症

導致憂鬱症的原因往往並不單純，是多因子影響的疾病，成因包括有外來壓力的適應問題（環境）、其他疾病或藥物、酒精濫用或家族遺傳，或者人格特質等。

治療需以藥物和心理雙管齊下最為有效，神經傳導物質中的正腎上腺素與血清素，會影響個人的心情、睡眠、慾望等，因此在醫生指示下，服用能調節神經傳導物質的藥物，可幫助體內這些失調的腺體回復到原本的節律，而幫助症狀獲得改善。

心理治療則提供支持性環境，幫助個案找回對生活的控制感，了解習慣性思維帶來的負向信念，而予以調整和改變，讓個案對世界有了新的視野。個案平時亦可親近大自然、參加自助團體、書寫心情以及良好的作息，對憂鬱症都有極大的幫助。

常見
心理疾病②

時而狂妄、時而墜入谷底——躁鬱症

躁鬱症患者狂躁期的誇張行徑與決定、重鬱期的低潮與無望感，隱藏著自殺的危險，都可能帶給個案和其家屬危機重重的生活，需要長期治療，才能控制病症。

一再復發，病情愈不穩定

躁鬱症是雙極性情感疾病，分成狂躁發作與重鬱發作（參見P192憂鬱症症狀）兩部分，狂躁的症狀包括有，情緒高昂、膨脹與易怒；會過度參與可能帶來危險後果的活動，如瘋狂採購；多話、急促並難以克制；坐立不安；增加目的取向的活動，如社交活動過於熱絡、瘋狂寫作，大量性生活等。

狂躁可能單獨出現，也可能與重鬱交雜出現，形成混合發作的情形，但兩者之間轉換的間隔仍因人而異，有時個案會走入平穩期，但當躁鬱一再復發時，平穩期的時間將愈來愈短。

協助躁鬱患者，家人可以這樣做：

- 減少對他們的期望、刺激和壓力，避免與他們正面衝突。
- 增加環境安全性，避免危險器物出現，以免他們情緒激動時傷害自己。
- 合理的要求可提供協助，不合理的要求傾聽並暫緩，避免他們需索無度。
- 注意他們營養攝取與衛生習慣，讓生活作息維持一致，以利復原。

情緒低落

失去活力嗜睡

藥物使用輔以心理協助，才能落實治療

躁鬱症除了藥物治療外，更需心理治療上的配合。藥物治療上最常使用鋰鹽來控制症狀，讓腦內神經傳導細胞穩定，可預防躁鬱症的復發。然而鋰鹽必須持續服用，讓血液中維持剛好的濃度。但躁鬱症者難以乖巧地服用，躁期帶給人的創造力和生產力令他們懷念，也讓他們忽略藥物的重要，尤其在生活壓力大時，他們會自己停藥，導致疾病惡化。

這也是心理治療在其中的重要性，專業心理師能給予個案和家屬相關疾病和藥物知識，幫助他們度過危機，並鼓勵個案順從服藥指示、修復因躁期活動對生活造成的損害（如關係或投資問題），也教導他們辨識疾病復發的徵兆。

躁鬱症的特徵與家人如何協助

患有躁鬱症情形的人常否認自己生病，而容易延誤治療或症狀惡化，且狂躁發作時，個案的行為又容易讓周遭人都陷入難以彌補的惡夢中，因此欲協助他們，做法更須謹慎。

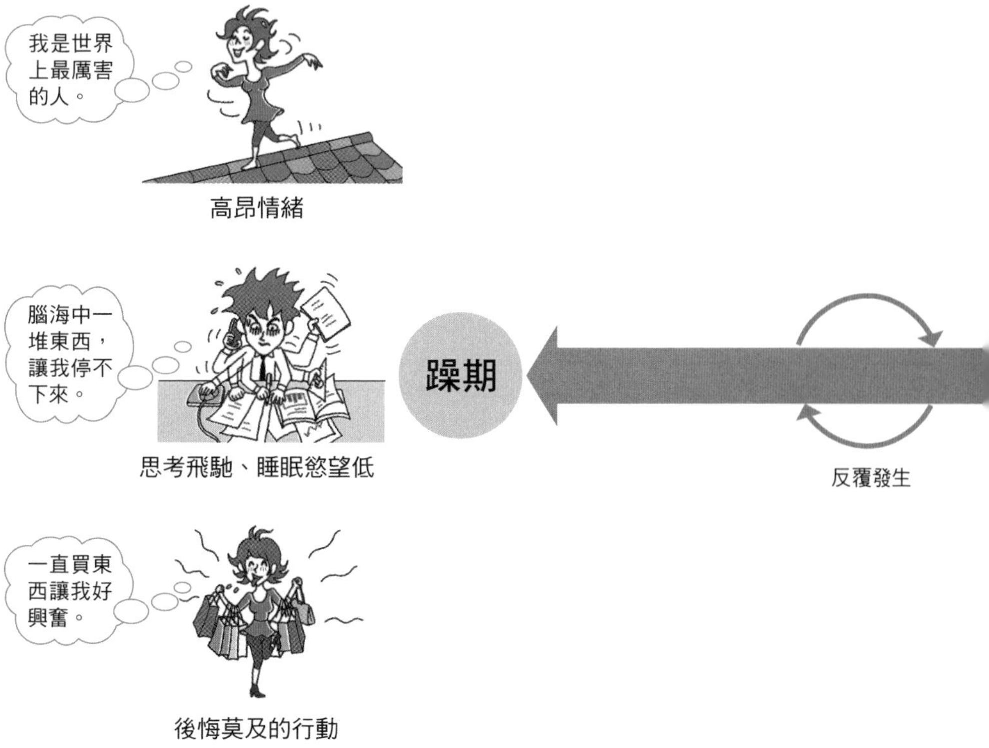
我是世界上最厲害的人。
高昂情緒
腦海中一堆東西，讓我停不下來。
思考飛馳、睡眠慾望低
躁期
反覆發生
一直買東西讓我好興奮。
後悔莫及的行動

一直重複，停不下來——強迫症

強迫症者對於自己的意念和行為有覺知，但卻無法以主觀意志予以克制，是使人精神衰弱，也折磨不已的精神疾病，治療相當棘手，需要長期的投入與努力。

強迫帶來了焦慮

強迫症產生的強迫想法和行為，會迫使個人無法控制的進行儀式性的動作，而占去大多數時間，影響到生活、工作與人際關係。這些動作主要有兩種情形：①強迫思考：個案正經驗著外來的、令人不安的重複想法、影像或衝動。通常圍繞著害怕污穢、害怕傷害自己與他人、病態性的懷疑、關心或需要，以及性方面、宗教上等等這些侵入性的想法，並且產生高度的焦慮。②強迫行為：為了暫時降低強迫思考帶來的焦慮，因此不斷強化個案去進行儀式性的重複動作。例如不斷地進行清洗、檢查、整齊排序、計算來舒緩焦慮，若被阻止會

強迫症症狀

令人害怕的侵入性想法，是強迫症主要的症狀，它會引動強迫性行為幫助個案降低焦慮，卻造成生活上巨大的困擾。

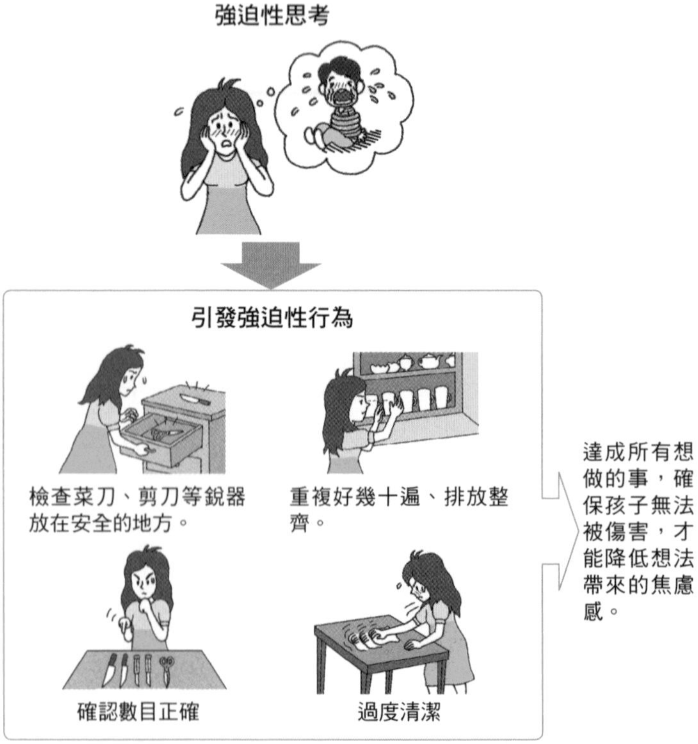
強迫性思考
引發強迫性行為
檢查菜刀、剪刀等銳器放在安全的地方。
重複好幾十遍、排放整齊。
確認數目正確
過度清潔
達成所有想做的事，確保孩子無法被傷害，才能降低想法帶來的焦慮感。

強迫症治療

強迫症者知道自己的行為卻無法控制，容易因此產生許多心理困擾而併發其他精神疾病，因此需藥物治療的協助加上行為治療，以有效降低症狀發生的機率。

藥物治療
→控制症狀

＋

心理治療
→使人習慣不做反應

- 避免行為帶來的焦慮感與憂鬱感。
- 降低其他疾病併發的可能性。
- 減少酒精或其他物質濫用情形。

重複進行

孩子被綁架的畫面又出現。

不做任何行為反應。

焦慮指數升高。

三十分鐘後焦慮下降，沒有壞事發生。

更加緊張，而嚴重干擾日常生活。

習慣不做反應，讓焦慮消退

目前研究發現強迫症的成因主要集中在體質與環境的相互影響上。強迫症個案具有病識感，卻無法克制衝動，往往造成很大的心理壓力和困擾，因此有時合併憂鬱症、飲食障礙、物質濫用、人格違常、過動症、其他的焦慮症等。

藥物治療上，會透過具有影響血清素效果的藥物來減少強迫症症狀。另一常見的是行為治療，讓個案暴露在焦慮情境中不許反應。例如將手弄髒，但不許洗手。不洗手帶來的焦慮，往往在半個鐘頭後逐漸消褪，讓他們可以學到不去洗手，其實不會有恐怖的後果發生。不過此成功治療的要件，除了治療師提供支持與安全的環境，及有動機願意改變的個案外，仍須家屬的合作，在治療過程中給予個案支持與鼓勵，讓治療目標得以落實。

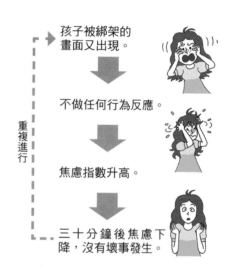

沈浸虛幻、古怪世界的精神分裂症

精神分裂症並非人格上的分裂，而是認知、情感與行動上的障礙，會帶來社會功能的退化，需同時配合藥物、心理和復健的治療，才易達成治療目的。

精神分裂症的症狀

精神分裂症是精神疾患中較為嚴重的疾病之一，主要症狀出現（可能包含兩項以上），常有明顯與事實不符的想法，例如覺得有人不斷跟蹤他；有幻覺，例如感受到神明在說話，而表現出喃喃自語模樣；講話也經常語無倫次；偶而擺出古怪的姿勢，或無來由的哭笑等，且平時情感的表現平淡、面無表情、少話或缺乏動力等。這種病症使得個案除了思考言行出現障礙外，還容易與現實脫節、自我封閉，在工作學習、人際關係和自我照顧等層面都有退化現象，且其不真實的幻想、古怪的舉動，甚至可能影響社會安全，帶來危險。

對家庭的影響

- 生活功能退化，家人需分心照顧。
- 症狀引起他們懷疑家人對他的安排或忠誠度。

對朋友的影響

- 胡言亂語導致朋友紛紛走避。
- 怪異舉動嚇走朋友。

對兩性關係的影響

- 出現不合邏輯的猜忌。
- 幻覺干擾親密相處。

協助病患可以這麼做：

- 接受並理解病患的疾病，以及產生的症狀。
- 陪伴與傾聽，不否認病患的「世界」，不鼓勵他們，也不與之爭辯。
- 配合醫生，提醒病患按時用藥，維持病情穩定。
- 家人可透過心理諮商，提升對個案問題的理解。
- 家人可尋求心理諮詢，且進行情緒輔導（照顧個案易累積壓力），舒緩家人關係的緊張。

精神分裂症的處遇

藥物治療對精神分裂個案而言是首先要考慮的，其次再配合復健及心理治療。唯有病人服用藥物後不再妄想與產生幻覺，他才有能力和現實接觸，才適合做心理治療。不過除了遺傳等體質因素外，壓力與家庭互動被認為是此病症的病因，因此透過談話，了解個案與家人間的互動，以及個案的情緒表達方式，是心理治療上極為重要、達成治療目的方式。另也需復健治療，幫助病人重建社會可接受的行為，適應社會生活而重返社會，如社交技巧訓練等。

精神分裂症的預後，約有三分之一相當不錯，有三分之一較差，但仍維持社會功能；另三分之一須要重複住院治療或長期依賴照護環境。恢復情形仍須視發病年齡早晚、病前性格、社會適應狀況、家庭及社區支持系統而有所不同。

患者的人際問題及他人如何協助

精神分裂並非性格上的分裂，而是思考與現實感的分裂，若持續六個月則發生嚴重且慢性化的知覺與思考上的障礙，而常常缺乏現實感，導致無法自理，生活將造成很大的困難。

精神分裂的症狀

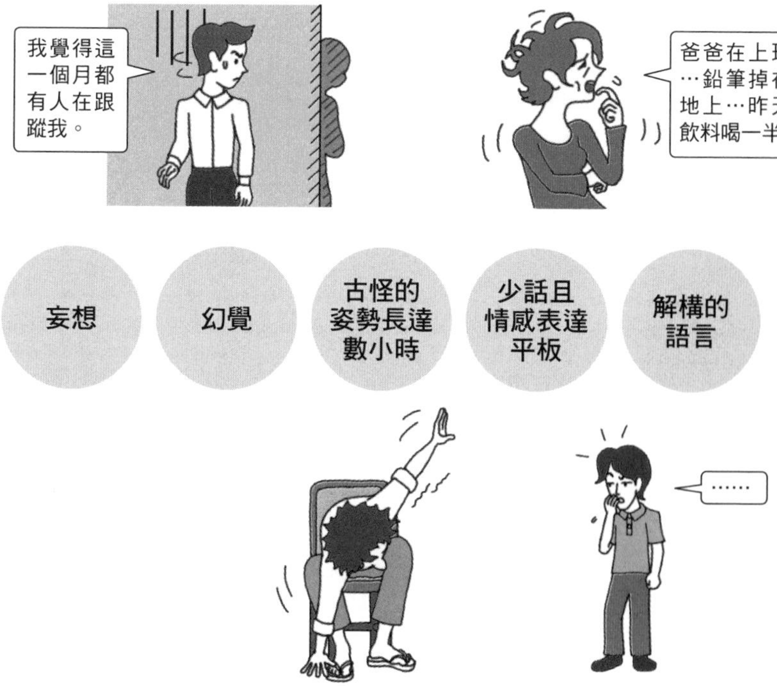
我覺得這一個月都有人在跟蹤我。
爸爸在上班…鉛筆掉在地上…昨天飲料喝一半
妄想
幻覺
古怪的姿勢長達數小時
少話且情感表達平板
解構的語言
……

常見
心理疾病⑤

揮之不去的夢魘——創傷後壓力症候群

當生命發生重大創傷事件後，腦海中常自發性地重複畫面或做惡夢，而形成創傷後壓力症候群。不過仍可透過面對與接納創傷事件，來逐步擺脫它對生活造成的困擾。

可怕經驗成為心中一道傷口

當個人親身經驗到或目擊涉及死亡、嚴重威脅到自己或他人的身體等創傷事件，如戰爭、嚴重意外、家人被傷害或過世、天災等時，可能會出現強烈害怕、無助與恐怖感受。有些人會隨時間逐漸淡化，但有些人心中的恐懼感卻久久無法褪去，可能持續至少三個月以上，甚至數年之久，這端看事件發生當時，對個人而言有多「切身之痛」。持續存在的恐怖感，讓人無法控制地想起當時的影像，再次經驗創傷，或經常從夢中驚醒，平常也可能表現出誇大的驚嚇反應，嚴重影響正常生活，便可能患有「創傷後壓力症候群」。

創傷後壓力症候群的症狀

車禍、地震、被搶劫或性侵害等重大壓力事件都易使人害怕與無助，但唯有症狀超過一個月且影響到社會與職業等功能，才可稱患有創傷後壓力症候群。

驚恐畫面反覆再現

逃避相關話題

驚嚇反應強烈

對未來悲觀

親友該如何協助創傷後壓力症候群患者

創傷難以療癒是因為傷太痛，難以碰觸與接受事實的發生，因此心理協助與親友的幫忙較能有效幫助他們走過劇痛階段。

Step1 聽他們說

我當時應該回火場救出他們的…
嗯嗯…

Step2 接納情緒，適時肢體安撫

我好沒用…

Step3 尋求協助資源

心理治療

- 提供患者支持的環境。
- 認識症狀與影響。
- 引導患者接納事實。
- 協助患者重建生活型態。

藥物控制

情緒困擾強烈時，可藉醫生診斷開立的藥物，來舒緩憂鬱症狀。

從心開始，解放自己

這類情緒困擾嚴重的個案可輔以藥物治療，緩解經常出現的焦慮不安、害怕感或憂鬱情緒。但仍建議以心理治療為主，給予安全與支持的環境，教育他們事情發生後會產生相關的症狀或現象，幫助個案能說出自己的故事，以了解與接納事實，再重新建立新的生活型態，例如透過規律的睡眠、運動、維持健康的飲食來幫助患者重獲新生；或者參與長期性的支持團體效果更好。

INFO 另有程度較輕的「急性壓力症」

急性壓力症的症狀反應跟創傷後壓力症候群一樣，但它主要在事件發生後一個月內出現症狀，且僅維持兩天到一個月，因此地震後多數人會有此症。唯有受創較嚴重者，症狀持續超過三個月才歸屬創傷後壓力症候群。

人格疾患①

認識人格疾患

人格疾患者在生活上會廣泛、持續地受到自己性格問題的影響，而有社會適應的問題，且往往與其他心理疾病共同發生，造成自己與他人互動的壓力。

何謂人格疾患

人格疾患是一種人格特質的變異或極端的行為表現，且患者的表現方式與大部分的人不同，它被美國精神醫學會定義為：「是一種持久不變的內在經驗和行為，從個人的文化中明顯偏離一般人預期範圍，且此特質是廣泛且缺乏彈性的，從青少年或成年早期便開始出現，隨時間的發展保持穩定，且造成生活困擾和功能上的障礙。」因此與這樣的人相處會感到有壓力，加上他們變異的人格，通常根深蒂固無法改變，在工作、婚姻與人際互動上，都難以維持穩定的關係。

人格疾患常有認知與情緒上的問題，因此容易出現共病現象，也

人格疾患特徵　人格疾患如同一個人的性格有違常態，會廣泛地影響到自己的生活還有生活中的其他人，使他們生活圈裡的人都備受困擾。

以邊緣性人格中，「難以控制憤怒」為例：

工作場域

你說我沒做好，
你再說一次！
……
員工
老闆

人際互動

只是借個
五百元，
為什麼不
願意？
朋友

若已嚴重影響生活，就須就醫治療。

婚姻家庭

為什麼鹽
巴放那麼
多？
……
老公
太太

人格疾患的分類

依人格疾患的特性可分為三類，具有截然不同的行為表現，但皆背離社會期待，通常初期發生可追溯至青少年至成年早期之間。

認知　情感表達　人際互動　衝動控制

與社會期待相差甚遠

A群怪異型

思想與行為上怪異，妄想、過度冷漠或奇裝異服等行為。

B群戲劇型

情緒誇張、戲劇化、不穩定，且有時具有破壞性。

C群畏縮型

畏懼、焦慮的情形，如對自己能力的焦慮、孤獨焦慮，或者不符合原則就焦慮等情形。

就是這類患者往往伴隨有憂鬱症、焦慮症等疾病的發生。

人格疾患的分類與診斷

在人格疾患的診斷中，除了上述的定義描述外，還包括這些行為型態會穩定發生（在不同環境下，如家中、學校裡都會出現同樣的反應），多在青少年或成年早期顯現，不是因為其他精神疾病造成，也不是因為藥物的服用或濫用造成的生理反應，更非一般醫學狀況所導致，才能被診斷為人格疾患。

不過這類性格上的問題，嚴重干擾個人適應生活，也影響到他身邊的人，且大多數的治療方式對人格疾患患者並不一定有效，因為治療有效的前提是發現自己有問題，而且願意改變，而他們往往難以自覺，是臨床治療上極為困難的個案。但若願意參與治療，仍有機會改善並控制好自己的生活。

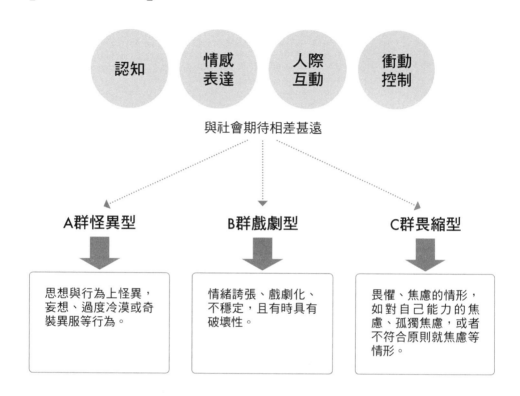

人格疾患②

失常的人格有哪些？

失常人格會導致這類個案在職業社會、人際相處、與親密關係皆難以穩定維繫，加上難以自我覺察，使得周遭親人尋求協助的比例比個案本身高出許多。

行徑怪異的A群人格疾患

A群人格疾患因為過度的懷疑、辯解、表現疏離，或存有古怪思想等怪異行徑，因此普遍人際關係不好，或僅有極少數親近家人。這些怪異行徑可能因幼兒期的受創經驗，例如其中易與社會疏離的A群「類分類型」人格疾患患者，可能因早期與照顧者間沒有連結，少情感交流，才使成年後產生人際「失連」與冷漠的狀況。

此外，遺傳因素也可能是致病的主因，例如通常家中有精神分裂症患者，便也容易發展出有奇怪知覺、古怪思想的A群「分裂型」人格疾患患者，且這類型患者也易進一步發展成精神分裂症。

A群人格疾患特點

A群人格疾患分有三個類型，除了都因行徑古怪，影響人際外，個別也都有其特有的怪異思想或行為。

妄想型

對他人不信任或多疑，常常將他人的行為解釋為對自己不利，卻無法證實這些想法。

同事聚會沒找我，一定是在說我壞話。

類分裂型

社會關係相當疏離，特愛獨處，冷漠且對許多事情表現漠不關心。

唉喲！

分裂型

表現古怪的思考、行為，奇裝異服，講話晦澀難懂或模糊，對人際交往充滿焦慮。

@△X…薩莫爾星球來了訊息…。
……

B群人格疾患特點

B群戲劇性與誇大的特性，最容易使他們周遭的人無法忍受被他們操控或剝削，他們易怒的情緒，也容易做出衝動和傷害他人的行徑。

反社會型

易衝動地進行違法行為，習慣單獨行事，對於威脅和壓力不感害怕。

我缺錢，搶一下有差嗎？

邊緣型

極度渴望關係，恐懼被拋棄，人際和情感不穩，易自傷或難控制情緒。

你跟我分手，我就割給妳看！

戲劇型

過度情緒化與渴望被關注，利用身體吸引他人注意，常以為自己和別人很熟。

天啊，設計師給我剪齊劉海，是要我去死嗎？

自戀型

相信自己與眾不同，充滿優越與自傲，強調頭銜且應被特殊對待，視奴役他人為理所當然。

你不覺得和我走在一起，大家都會注意妳嗎？

不過，有些A群人格疾患患者能夠將生活打理得很好，或是對社會有所貢獻，例如A群「分裂型」人格疾患患者在沒有壓力的情形下，他們的古怪想法，或許為工作帶來新奇有創意的靈感；A群「類分類型」雖然與社會疏離，但在獨立作業的工作中，仍可有不錯的工作表現。因此對於人際關係的困擾程度，A群人格疾患可算是三群人格疾患中相對較低的。

B群人格疾患的戲劇人生

反覆無常與誇大的情緒反應是B群人格疾患的特點，被稱之為戲劇性的性格障礙，在犯罪與醫療體系中最為常見，因為他們的誇張且不穩定的情緒，讓他們易怒而容易滋事打架、偷竊、破壞或虐待動物，也甚至做出自我傷害與衝動行為，如開快車、隨便的性行為、裸露身體等，導致這群個案屬人格疾患中最易遭遇周遭人逃離與拒絕。

此外，B群人格疾患也有誇張自戀傾向，會理所當然地利用別人，常使喚朋友或認為他們是自己的陪襯。這樣的個案在強調個人化的社會中比率較高，父母的寵溺也可能是成因，易使他們自詡為公主或王子。

畏懼與焦慮的C群人格疾患

C群人格疾患患者具有畏懼與焦慮的特質，再依其不同的特性分為三型，習慣躲避人群、害怕嘗試新事物的「畏避型」，可能因為在家庭中常被貶低，或者同儕團體過度排擠而導致；會依賴他人免於獨立、害怕分離而有討好他人行為的「依賴型」，可能來自強勢父母的家庭，因為順從乖巧的行為受到肯定，或來自過度操心的父母，為孩子付出大量的關注，致使孩子無法自主決定生活。

至於對小細節吹毛求疵、對倫理道德有非黑及白觀念的「強迫型」，可能來自壓力極大的家庭，父母可能過度要求或疏忽孩子，導致他們必須要求完美來取悅父母，也有可能本身為遮掩某項缺點而要求完美。種種害怕自己無能為力、害怕被拋棄、害怕事情不按規則進行的情形，都將使C群人格疾患患者在人際關係與工作、生活上衍生許多問題。

常見失常人格的治療方式

人格疾患大致不容易治療，臨床上挑戰極大。妄想型的個案容易懷疑，接受治療時同樣會持續懷疑治療者，因此不易建立關係也難以幫助到個案。

情緒反覆無常的邊緣型在臨床上最為常見，因為他們在關係破裂時陷入極大的痛苦中會尋求諮商，最容易感受到全世界都背棄或不愛他，同樣關係模式也會出現在他與諮商師身上，一旦感覺到諮商師不認同他，就會對諮商師出現極好極壞的批判，可能投訴或提告諮商師。依賴型則是剛開始時容易讓諮商師感覺諮商進展很大，因為他們會努力做每一件事來討好諮商師，最後卻發現他們極度依賴諮商師來幫助他們做每一項決定，或避免自己獨處的焦慮。

INFO 「強迫型人格疾患」與「強迫症」不一樣嗎？

強迫型人格疾患喜歡自己的次序與原則，像是鉛筆擺放一定要與桌沿對齊，或吃飯時不准說話等，欠缺彈性，影響工作效率和人際相處。強迫症則是被強迫行為與信念困擾著，包括覺得手很髒，需要不斷清洗，知道此信念卻無法控制的持續，讓他們覺得很痛苦。

C群人格疾患特點

畏避型因焦慮不敢交友，依賴型因為焦慮討好他人，強迫型因為焦慮執著細節和原則，他們都因為某些因素而有焦慮的現象，進而嚴重影響生活。

畏避型

焦慮自己不行、不好，很怕自己被嘲笑，除非確定自己被喜歡，否則對社交很焦慮。

依賴型

渴望依附別人來逃避孤獨的焦慮，難以獨立自主做抉擇，對自己缺乏信心，為了被喜歡可以做不喜歡的事情。

強迫型

追求完美熱衷於工作而犧牲效率和人際，也缺乏彈性與開放性，執著於自己的原則和價值觀。

Column

他不只情緒化而已——淺談邊緣型人格疾患

邊緣型人格疾患，他們平時表現出來的模樣都跟一般人一樣，但是他們的困難之處在於掌握情緒的強度，他們的易怒所引發的攻擊性與自我傷害行為，會讓他們一瞬間表現的像精神病患一樣，驚嚇到周遭人並使人避而遠之。但偏偏他們內在強烈的空虛感，驅使他們強烈期待有人陪伴，而用情緒要脅的方式，如「你敢分手我就跳樓給你看」，使對方心生罪惡來控制對方；或者會用威脅恐嚇的方式，如「你敢分手我就對你家人不利」，使人恐懼而不得不順從；或者極力的討好與補償，如「寶貝對不起，都是我不好，我不應該這麼壞的，你要我做什麼我都願意，我發誓我以後不會亂生氣了」，使對方心軟而一再相信他們因為愛，而真的改變自己；或者一再用言語指責對方的不是，如「這麼簡單的事情都做不好，你腦袋有病嗎？」，讓他們身旁的人每日如履薄冰，深怕一不小心就惹他們不開心，也會不斷自我懷疑，究竟自己是哪裡不對。

除了前述邊緣型人格的特徵（參見P205），邊緣型人格者的世界觀是一個與正常人不一樣的想法與知覺，一般情形下我們難以理解他們，同樣地，他們也難以理解何謂正常。如：當先生告訴太太會晚歸，與朋友出去喝酒，邊緣型人格的太太開始焦慮、感覺被冷落，為了釐清自己的情緒，開始扭曲先生的行為，指控先生酗酒，只重視朋友不重視她，她在先生心中一點地位都沒有，而「他是個糟透的丈夫」。太太以扭曲的事實來解釋自己的情緒，因此所知覺到的情境與先生所處的狀態大相逕庭，也讓先生百口莫辯，搞不清楚自己究竟做錯什麼，為此充滿無奈與罪惡感。

他們對自體形象的不穩定，造成他們有時極度自傲，有時又極度自慚形穢。他們之所以極度渴望關係，乃因為對他們而言，失去對方的自己將更沒有價值，而覺得即使失去生命也無所謂了。然而矛盾的是，也因為他們自信心的低落，使他們覺得自己根本不該被愛，而詆毀那些愛他的人，認為他們沒眼光且一定同樣的糟。這種內心所想的事情，轉嫁到對方身上的過程，稱為「投射」，他們會大量怪罪對方，來降低自己內在的痛苦，如：你真是個糟透的孩子！（但其實內心想：我真是糟透的家長！我怎麼不會教孩子。）透過這個過程，他們將自己的責任推得一乾二淨，但他們並不一定能知覺到自己的行為和感受，因為當他們被真正點出說：「你才是那個糟糕的家長時」，他們必定嚴加否認，接著爆發更激烈的指責。可怕的是，當他們周遭的人不斷接受他們對自己的投射，而信以為真時，則形成所謂「投射性認同」，即他們的孩子相信也認同自己真的很糟，而在年幼時早已被家長摧毀自信，最後當孩子長大時，出現多重適應上的問題，如社交、工作等，因而必須仰賴家長的供養，最後應驗邊緣型人格家長的話：「你真是個糟透的孩子」，也滿足他們的期待：「永遠待在他們身旁，不會因為嫁娶或工作而離開」。

因此不難想像的是，邊緣型人格者患得患失的情形，以及他們大起大落的情緒，容易讓自己陷入情感性或焦慮性的疾患狀態，因此與其他精神疾病共病的現象極為普遍，這類型求診的人往往有厚重一疊的病歷，卻常常出現不同的診斷。

當你在與親友相處時，發現你常被他們的話語指責，以致深感罪惡或自我懷疑，並且總是無法理解自己做錯什麼，這將是一個辨識親友可能有邊緣型人格現象的徵兆。與他們相處並不容易，有的人逃之夭夭，或冷處理，讓邊緣人格者有更強烈的焦慮、更極力地想控制，或更苛刻的批評。但人與人的關係是共構的，我們仍必須反省與承認自己是否真的做了什麼讓他們難以忍受，去面對問題，並加以避免；另一種態度則是，接受你是你，他是他，你無法成為他永遠的守護者，即使你付出再多，也無法為他的不安負責。此即溫和而堅定訴說你的立場和需求，設立你和他之間的界限，才不會一而再地成為他的情緒俘虜，生活在水深火熱之中。

專有名詞

十一劃

十二劃

十三劃

八劃

九劃

十劃

人名

主要參考書目

1.郭靜晃、吳幸靈（譯）（1994）。發展心理學：心理社會理論與實務（原作者：Philip & Newman, B.）。台北市：揚智文化。（原著出版年：1991）

2.廖婉如譯（2006）。James A. Hall原著。榮格解夢書——夢的理論與解析。台北：心靈工坊。

3.蔣韜譯（1997）。Robert H. Hopcke原著。導讀榮格。台北：立緒。

4.龔卓軍譯（1999）。Carl G. Jung原著。人及其象徵：榮格思想精華的總結。台北：立緒。

5.文榮光（2005）：〈關係取向心理治療〉。《台灣精神醫學》，19卷2期，100-109。

6.范嵐欣（2008）。華人夫妻關係衝突之人我關係協調諮商改變歷程研究。國立臺灣師範大學教育心理與輔導學系碩士論文，台北市。

7.洪蘭譯（1997）。Gleitman, H.原著。心理學（下）。台北：遠流。

8.朱玲億、林美薰、李立維、趙家琛、李島鳳、游淑瑜、周士雍譯（2000）。Raymond J. Corsini & Danny Wedding原著。當代心理治療的理論與實務。台北：心理。

9.劉玉玲（2007）。生涯發展與心理輔導。台北：心理。

10.楊嘉玲、趙淑珠（2009）。遭受伴侶 之未婚 性其關係抉擇經驗探討。輔導與諮商學報，31（2），43-67。

11.陳若璋（2009）。大學諮商中心對親密關係暴力處遇內涵與倫理議題之探討。輔導與諮商學報，31（1），39-53。

12.家庭暴力防治網，2007

13.蔣韜譯（1997）。Hopcke, R. H.原著。導讀榮格。台北：立緒。

14.龔卓軍譯（1999）。Jung, C. G. 原著。人及其象徵。台北：立緒。

15.田秀蘭、林美珠譯（2005）。Hill, C.,E.原著。夢工作——探索、洞察及行動的催化。台北：學富。

16.李開敏校閱，許玉來、成蒂、林方皓、陳美琴、楊筱華、葛書倫、呂嘉惠譯（2002）。8.Doka, K. J.原著。與悲傷共渡——走出親人遽逝的喪慟。台北：心理。

17.王以仁（2010）。婚姻與家庭：配偶及家人間的溝通和調適。台北：心理。

18.王慶福（1995）。大學生愛情關係路徑模式之分析研究。國立彰化師範大學輔導研究所博士論文。未出版，彰化。

19.鄭羽芯（2005）。大學生人際依附風格情緒表達方式與愛情關係滿意度之相關研究。國立台中教育大學諮商與教育心理研究所碩士論文。台中。

20.徐麗明譯（2003）。Teyber, E.原著。人際歷程心理治療。台北：揚智。

21.李玉嬋主編（2012）。導引悲傷能量——悲傷諮商助人者工作手冊。台北：張老師文化。

22.徐憑譯（2004）。Gottman, J. M. &DeClaire, J.原著。關係療癒：建立良好家庭、友誼、情感五步驟。台北：張老師文化。

23.王慧琦（2012）。外遇婚姻的危機——從八位配偶外遇者的角度。朝陽人文社會學刊，10（1），29-60。

24.鄔佩麗（2008）。危機處理與創傷治療。台北市：學富。

25.利翠珊、蕭美玲（2008）。華人婚姻品質的維繫：衝突與忍讓的中介效果。本土心理學研究，29，77-116。

26.沈瓊桃、陳姿勳（2004）家庭生命週期與婚姻滿意度關係之探討。社會政策與社會工作學刊，8（1），133-170。

27.周玉慧、謝雨生（2009）。夫妻間支持授受及其影響。中華心理學刊。51（2），215-234。

28.楊惠敏（2006）。從自我分化概念談原生家庭對婚姻關係的影響。網路社會學通訊期刊，52。

29.張思嘉、李雅雯（2009）。擇偶歷程中影響關係發展的關鍵因素。中華輔導與諮商學報，25，179-212。

30.楊青垂（民95）。父母管教型態對於青少年網路成癮影響之研究。警學叢刊，36（4），153-184。

31.楊絮涵、吳姵瑩、賀孝銘（2010年6月）。大學生的網路成癮因素與三級預防心理衛生工作。「N世代化之學習與諮商：發展與挑戰」學術研討會。台北，淡江大學。

32.韓佩凌（民92）。我家有網路小子-網路沈迷與因應之輔導策略。學生輔導，86，58-71。

33.洪瑞斌、劉兆明（2003）。工作價值研究之回顧與前瞻。應用心理研究，19，211-250。

34.王秋絨（2009）。老人靈性智能發展策略。生死學研究，9，127-160。

35.林彥妤、郭利百加等（1997）。心理衛生-現代生活的心理適應。台北市：桂冠圖書。

36.杜仲傑等譯（2002）：變態心理學（Peterson 原著）。台北市：桂冠圖書。

37.孔繁鐘譯（1998）：精神疾病的診斷與統計（DSM-IV）。台北市：合記書局。

38.修慧蘭等譯（2002）：諮商與心理治療理論與實務（Corey 原著，6th）。台北市：雙葉書局。

39.曾文星、徐靜（1994）：現代精神醫學。台北市：水牛出版社。

40.施貞仰譯、郭靜晃校閱（1994）：工業組織心理學（McCormick & Ilgen 著）。台北：揚智文化。

41.韓良憶譯（2005）。親密的陌生人：給邊緣人格親友的實用指南（Paul T. Mason、Randi Kreger著）。台北：心靈工坊。

42.梁培勇/主編，張如穎、薛惠琪、李筱蓉、陳韻如、吳文娟、鄭欣宜、許美雲、48.劉美蓉/著（2009）。兒童偏差行為。台北：心理。

43.陳信昭譯（2005）。兒童與青少年精神病理學案例研究（Morgan, R. K./著）。台北：五南。

44.高淑貞/譯（2007）。遊戲治療-建立關係的藝術（Landreth,GarryL./著）。台北：桂冠。

45.劉焜輝（2010）。青年期的臨床心理。台北：天馬。

46.李明濱、陳正宗（2002）。精神疾病漫談。台北：健康文化。

47.楊延光（2007）。杜鵑窩的春天：精神疾病照顧手冊。台北：張老師文化。

48.周麗端等（2009）。婚姻與家人關係。台北：空大。

49.徐俊冕譯（1997）。成人心理學：發展與老化（John C. Cavanaugh著）。台北：五南。

50.梅陳玉嬋、楊培珊（2005）台灣老人社會工作：理論與實務。台北：雙葉。

51.謝瀛華（1995）。性老化與老人性問題。台灣性學學刊，1（1），99-103。

52.蔡勇美、江吉芳（1987）。性的社會觀（一版）。台北市：巨流。

53.游惠玲（2010）。中年男性失業到再就業歷程之研究。高雄師範大學成人教育研究所碩士論文，高雄。

54.Wallerstein, J. S.& Lewis, J. M.（2004）.THE UNEXPECTED LEGACY OF DIVORCEReport of a 25-Year Study.Psychoanalytic Psychology, 21（3）, 353-370.

55.Hazan, C., & Shaver, P. （1987）. Romantic love conceptualized as an attachment process. Journal of Personality and Social Psychology,52,（3）,511-524.

56.Dose, J J.（1997）.Work values: An integrative framework and illustrative application to organizational socialization. Journal of Occupational and Organizational Psychology, 70（3）, 219-240.

57.Hall, D. T.（1986）.Career Development in Organizations, San Francisco, Jossey-Bass.

58.Frankl, V. E.（1963）.（I. Lasch, Trans.） Man’s Search for Meaning: An Introduction to Logotherapy. New York: Washington Square Press. （Earlier title, 1959: From Death-Camp to Existentialism. Originally published in 1946 as EinPsychologerlebt das Konzentrationslager）

國家圖書館出版品預行編目資料

圖解幸福大人的心理學 / 吳姵瑩作，-- 初版一台北市：易博士文化，
城邦文化出版：家庭傳媒城邦分公司發行，2016.11
面；公分，-- (Knowledge base；68)
ISBN 978-986-480-008-7
成人心理學

173.3 105019937

DK0068

圖解幸福大人的心理學

作　　者／吳姵瑩、易博士編輯部
企畫提案／蕭麗媛
企畫執行／孫旻璇
企畫監製／蕭麗媛
編　　輯／孫旻璇、鄭雁聿

業務經理／羅越華
總 編 輯／蕭麗媛
視覺總監／陳栩椿
發 行 人／何飛鵬
出　　版／易博士文化
城邦文化事業股份有限公司
台北市中山區民生東路二141號8樓
電話：（02）2500-7008　傳真：（02）2502-7676　E-mail：ct_easybooks@hmg.com.tw
發　　行／英屬蓋曼群島商家庭傳媒股份有限公司城邦分公司
台北市中山區民生東路二段141號2樓
書虫客服服務專線：（02）2500-7718、2500-7719
服務時間：周一至周五上午09:00-12:00；下午13:30-17:00
24小時傳真服務：（02）2500-1990、2500-1991
讀者服務信箱：service@readingclub.com.tw
劃撥帳號：19863813
戶名：書虫股份有限公司
香港發行所／城邦（香港）出版集團有限公司
香港灣仔駱克道193號東超商業中心1樓
電話：（852）2508-6231　傳真：（852）2578-9337　E-mail：hkcite@biznetvigator.com
馬新發行所／城邦（馬新）出版集團 [Cite (M) Sdn. Bhd.]
41, Jalan Radin Anum, Bandar Baru Sri Petaling, 57000 Kuala Lumpur, Malaysia
電話：（603）9057-8822　傳真：（603）9057-6622　E-mail：cite@cite.com.my

內頁插畫／小瓶仔
美術編輯／雞人工作室
封面構成／林佩樺
製版印刷／卡樂彩色製版印刷有限公司

2014年5月13日初版一刷（原書名《圖解大人的心理學》）
2016年11月8日 修訂（更定書名《圖解幸福大人的心理學》）
ISBN 978-986-480-008-7
定價380元　HK$127

Printed in Taiwan